PAUL CLAUDEL EN ITALIE

avec la correspondance
Paul Claudel / Piero Jahier

BIBLIOTHÈQUE FRANÇAISE ET ROMANE

publiée par le Centre de Philologie et de Littératures romanes
de l'Université des Sciences humaines de Strasbourg

Directeur : Georges STRAKA

Série C : ÉTUDES LITTÉRAIRES

———————— 50 ————————

Henri GIORDAN

PAUL CLAUDEL EN ITALIE

avec la correspondance
Paul Claudel / Piero Jahier

Ouvrage publié avec le concours du Centre National des Lettres

ÉDITIONS KLINCKSIECK
PARIS
1975

Pour Fausta Garavini

LA SOCIÉTÉ PAUL CLAUDEL

Fondée en 1957, la Société Paul Claudel s'est donnée pour tâche d'assurer la diffusion de l'œuvre de Paul Claudel. Elle a à cet effet, constitué un important fonds d'Archives que la famille du poète met très largement à la disposition des chercheurs.

Un Bulletin trimestriel comportant des inédits, des études, des critiques littéraires et des informations de tous ordres sur les événements claudéliens constitue également un instrument de travail irremplaçable. 150 bibliothèques y sont abonnées à ce jour.

Pour tous renseignements s'adresser à la Société Paul Claudel, 13, rue du Pont Louis-Philippe, 75004 - PARIS.

ISBN 2-252-01668-X

© Éditions Klincksieck, 1975.

PREMIÈRE PARTIE

LECTURES ITALIENNES
DE PAUL CLAUDEL

CHAPITRE I

LES DÉBUTS DE L'AUDIENCE EN ITALIE

L'histoire des lectures italiennes de Claudel reste à écrire. Elle nécessiterait de très longues recherches[1] qui risquent fort d'être sans proportion avec l'intérêt des résultats obtenus. Nous nous bornons ici à donner une esquisse de cette histoire, s'appuyant sur des dépouillements, en particulier de la presse, qui ne prétendent pas être proches d'une quelconque exhaustivité. Nous pensons cependant être parvenu à mettre en lumière d'importants phénomènes de lecture et pouvoir apporter ainsi une contribution à un problème de communication artistique qui reste encore mal connu malgré de nombreux travaux théoriques et empiriques. Nous sommes ici en présence du jeu, souvent rendu plus évident par la distance culturelle et linguistique, d'une emprise plus ou moins forte de lectures idéologiques sur les textes claudéliens. Deux cercles concentriques se dessinent. Claudel dans le cadre très large de la littérature et du catholicisme italien contemporain et, englobé dans cet ensemble, un noyau, le moment d'une lecture plus complexe : Claudel lu et traduit, entre 1910 et 1914, par des jeunes écrivains du groupe florentin de *la Voce*.

Avant que les jeunes Italiens qui feront *la Voce* s'avisent de lire *Tête d'Or*, le nom de Claudel était certes connu en Italie, mais d'une façon assez confidentielle, par un article du *Marzocco* et surtout par les lectures privées de Gustavo Botta, érudit et dilettante milanais, de Gabriele d'Annunzio et de Marinetti. L'article de Luciano Zuccoli — lettré et journaliste — paraît dans *Il Marzocco* en 1901[2] mais reste isolé dans la presse italienne et surtout il ne témoigne pas d'une compréhension suffisante de l'œuvre. Certes,

---

1. Nous avons réalisé ce type d'enquête pour un autre écrivain français de la même période dans notre *Bibliographie de Romain Rolland en Italie*, un vol. à paraître.
2. Luciano Zuccoli, « Cinque drammi », *Il Marzocco*, Firenze, n° 34, 1901.

comme le fait observer Carlo Pellegrini, il constitue une audace qui rompt avec la « prudence jusqu'alors observée par le journal » mais Pellegrini a raison de dire qu'il est évident que Zuccoli « ne parvient pas à s'orienter dans les drames de Claudel : il croit se trouver devant un « théâtre pour la lecture », et il affirme que l'écrivain se complait « trop souvent dans un langage quasi incompréhensible ». Tout au plus parvient-il à admettre que ces drames sont « l'essai d'un artiste qui a quelque chose de neuf à dire »[1]. Les *vociani* ne manqueront pas l'occasion de lui reprocher cette lourdeur de jugement, l'accusant « de parler de littérature avec la préparation d'un officier de cavalerie »[2].

Nous ne savons pas grand chose sur les rapports de pensée que Gustave Botta entretint avec Claudel et, à vrai dire, nous sommes là en présence d'un phénomène qui est loin d'être négligeable lorsqu'on s'attache à reconstituer l'histoire de la fortune d'un auteur à l'étranger, mais qui échappe presque entièrement à la mémoire des hommes. L'œuvre de divulgation de Botta fut presque exclusivement orale. Carlo Martini, qui connaît bien les milieux milanais, nous assure que Botta « lut à ses amis *Connaissance de l'Est*, *Tête d'Or* et *L'Arbre* : une diction, témoignent ceux qui, en ces lointaines, paisibles réunions milanaises l'ont écouté, faisant ressortir la splendeur et la singularité du style »[3]. Botta semble avoir lu Claudel très tôt. Proche de la France par ses origines, son éducation et son goût, il n'est pas impossible qu'il ait rencontré d'abord le nom de Claudel dans *la Revue Blanche* ou dans *le Mercure de France*. Il précise en tous cas dans une lettre à Piero Jahier, il est vrai postérieure, que sa première lecture de Claudel date de l'année même de la publication par le *Mercure de France* des sept volumes contenant son *Théâtre* : « Non seulement j'estime mais j'admire Claudel depuis plus de douze ans et je suis certain qu'il est un grand poète. En 1900, je lisais *Connaissance de l'Est*. En 1901, *l'Arbre*, que je lus et relus jusqu'à en avoir une connaissance pleine et sûre. Mon admiration ne diminua jamais, mais elle se précisa, se définit, se limita, aussi les jugements négatifs me font rire »[4]. Cette lecture désintéressée, les seules lectures qui comptent, porta ses fruits et ce rayonnement milanais dont on pourra peut-être apprécier un jour avec plus de précision l'ampleur, fut attesté par la publication dans *la Critica* de Benedetto Croce d'une série de rapprochements entre *Più che l'Amore* de Gabriele d'Annunzio et *l'Arbre*[5]. Par Croce l'existence de Botta fut connue de Prezzolini qui en

---

1. Carlo Pellegrini, « Le riviste fiorentine del primo Novecento e gli scrittori francesi contemporanei », *Saggi e Ricerche di letteratura francese*, Milano, Feltrinelli, 1960, p. 73-74. Nous traduisons, sauf exception, les citations en italien dans l'original.
2. Cité par C. Pellegrini, *art. cit.*, p. 74.
3. Carlo Martini, *Gustave Botta*, Padova, Rebellato, 1960, p. 14.
4. Brouillon d'une lettre de G. Botta à Jahier, de 1913, Arch. Botta, cité partiellement par C. Martini, *op. cit.*, p. 15. Voir plus bas, p. 144.
5. Cette modeste contribution parut dans *la Critica* en 1912, voir plus bas, p. 12.

informa Piero Jahier alors en plein claudélisme. Jahier, lors de sa visite à Claudel à la fin de 1912, fut chargé par le poète lui-même de remercier ce bon lecteur, et il écrivit à Botta : « J'oubliais de vous dire que Claudel, me montrant *la Critica* me demanda si je vous connaissais et me chargea de vous remercier et de vous saluer »[1]. C'est tout ce que nous savons actuellement sur cette lecture et il nous paraît incontestable que nous sommes, avec Botta, en présence du tout premier commencement de la fortune de Claudel en Italie, commencement humble, qui touche un nombre de personnes très limité. Les caractères de l'apport de Gabriele d'Annunzio sont tout autres.

*
* *

Marcella Gorra, à propos de l'œuvre de Claudel, nous indique : « Il semble que l'un des premiers à l'introduire en Italie ait été d'Annunzio »[2]. Affirmation qui n'est pas sans poser un problème de méthode : l'influence exercée par Claudel sur la genèse de telle ou telle œuvre du poète italien est une chose, la connaissance de l'œuvre de Claudel en Italie en est une autre. Lorsque Marcella Gorra se contente d'énumérer les motifs qui, à ses yeux, auraient pu éveiller la sympathie de d'Annunzio[3], elle méconnaît complètement le problème posé par les rapports qui peuvent exister entre les faits d'influence et les faits de divulgation de l'œuvre. Ces rapports existent pourtant et il n'est pas inutile de regarder de plus près le phénomène. Francesco Casnati nous indique que « en Italie, il semble que le premier admirateur du poète catholique français ait été d'Annunzio. On trouve d'évidents échos claudéliens dans *la Strage degli Innocenti* »[4]. D'Annunzio est alors un lecteur parmi d'autres et pour autant que l'influence qu'il a subie ne soit pas mise en évidence par la critique, son action divulgatrice reste très limitée.

---

1. Lettre de Piero Jahier à G. Botta, Firenze, 13 janvier 1913, publiée par Carlo Martini, *op. cit.*, p. 15. Cf. plus bas, p. 142.
2. Marcella Gorra, *Fine del Caso Claudel*, Milano, Sperling e Kupfer, 1936, p. 185.
3. « Les motifs de sympathie et les affinités entre les deux poètes ne manquent pas : un sens pseudo-classique et pseudo-barbare de l'héroïque, le naturalisme à partir duquel pullulent les images rayonnantes en efflorescences qui s'épanouissent comme des feux d'artifice autour de la première explosion et du premier éclair, le mélange de mysticisme et d'érotisme, « l'amour sensuel du Verbe », la soumission suprême au vers qui est tout, et l'exhibitionnisme de l'*explicit opus mirandum* — d'Annunzio ne pouvait pas ne pas aimer tout cela et peut-être d'autres choses encore dans l'œuvre de Claudel, à cet égard si proche de la sienne » (*op. cit.*, p. 185-88).
4. Francesco Casnati, *Alleluia per Claudel*, Como, S.A.G.S.A., 1955, p. 41. Cependant *la Strage degli Innocenti* est un poème de Gian Battista Marino publié en 1632 ; l'œuvre à laquelle Casnati se réfère est bien entendu *la Crociata degli Innocenti*, publiée en 1915 à l'état d'ébauche. Casnati précise dans son article sur « Paul Claudel in Italia », *Ars Italica*, Torino, 10 octobre 1920, que *la Crociata degli Innocenti* est écrite « sur le thème central de *la Jeune Fille Violaine* ». Le problème de la possible influence du *Mystère des saints Innocents* de Péguy (1912) n'est pas abordé.

En théorie, on peut cependant penser que l'œuvre influencée prépare le terrain et facilite l'introduction de l'œuvre étrangère. C'est ainsi que la première œuvre de d'Annunzio influencée par Claudel, *Più che l'Amore*, jouée en 1906 et publiée en 1907 avant que la presse italienne ait répandu le nom de Claudel, a pu exercer une influence de ce type sur le goût italien, notamment à cause de la préface dans laquelle D'Annunzio se réclame du drame d'Eschyle. La sensibilisation des lecteurs italiens à un style d'écriture n'est pas moins importante. Il conviendrait ici de se livrer à une étude très délicate de l'évolution du style de d'Annunzio en essayant de déterminer quelle a été l'influence claudélienne subie : il est bien évident qu'une telle étude requiert une compétence que nous n'avons pas. Mais les bases en ont été jetées par les recherches suscitées au début du siècle par B. Croce. Dans le cas de Claudel, Gustave Botta a relevé une série de rapprochements fort précis qu'il faudrait intégrer dans un ensemble conçu de façon plus ample. On pourrait, à partir d'une étude strictement philologique, arriver à préciser la formation en Italie (et des influences en retour sont probables) d'une poétique du mysticisme au XXe siècle. Voici en tous cas quelques exemples pris parmi ceux repérés par Botta[1] :

Più che l'Amore	*L'Arbre*
...e la tempesta le ha fatta una maschera di schiuma più spessa che la schiuma del cammello. (p. x)	Et le vent m'applique un masque de pluie (p. 9)... une écume plus épaisse que celle du chameau (p. 50).
Io stava ai piedi d'un alto pioppo, ch'éra l'ultimo d'un lungo ordine d'eguali ; ed ecco, udii il fremito della cima... invidiai l'albero ; che è un uomo più saggio et più antico ; (p. LIX).	Et le soir celui qui passe sous les peupliers / Entends la dernière feuille en haut. (511) Mais un arbre a été mon père et mon précepteur... Et j'ai rencontré cet arbre, et je l'ai embrassé, le serrant entre mes bras comme un homme plus antique (19).
Madre, perchè mi fendesti pel mezzo la palpebre molle... (8)	Mère, pourquoi as-tu fendu la peau de ma paupière par le milieu ! (25)
Forse unea grande Musa cammina in quest'ora per un cammino terrestre, non veduta, che gli uomini chinano	La Muse parfois s'égare dans un chemin terrestre ; Et profitant de l'heure le soir où ils mangent la

---

1. « Reminiscenze e imitazioni nella letteratura italiana durante la seconda metà del sec. XIX. — Terza aggiunta alle Fonti dannunziane. (contribuzione di Gustavo Botta, Milano) », *La Critica*, Bari, 20 Juillet et 20 Novembre 1912.

gli occhi su le scodelle fumanti. Forse va sola e scalza... (8) soupe dans les bourgs, la passante aux cheveux hérissés de lauriers marche nu pieds, chantant des vers, le long de l'eau, comme un cerf farouche ! (46).

Cependant il ne faut pas perdre de vue que ce type d'action divulgative reste de portée très limitée. De plus, elle présente le grave inconvénient de lier l'œuvre de Claudel à celle de d'Annunzio et par conséquent d'en déformer la signification, les univers spirituels auxquels appartiennent ces deux poètes étant fort différents. Et d'abord, si l'on peut aisément dresser une liste des déformations que l'œuvre subit ainsi, il n'est pas facile de trouver les traces de l'action de l'intermédiaire. Une phrase de Piero Bargellini constitue un exemple des documents qui, multipliés, permettraient de suivre l'histoire de l'erreur. Bargellini, obsédé par la prétendue sensualité de Claudel, cite l'influence exercée sur d'Annunzio qui, selon lui, prouve le caractère « trouble » de l'œuvre de Claudel : « en réalité avant 1912 Claudel n'était pas connu en Italie (à preuve de cette méconnaissance il suffirait de rappeler l'influence que le trouble mysticisme du Français exerçait déjà sur l'inquiète sensualité de d'Annunzio) »[1].

Tout aussi éloigné de Claudel que d'Annunzio, F.T. Marinetti joua cependant un rôle dans l'introduction de la poésie de Claudel en Italie. Claudel, curieux des aventures du langage, a connu Marinetti et lui a adressé une lettre publiée dans le numéro d'Octobre 1905 de *Poesia*, Rassegna Internazionale éditée à Milan. Voici cette lettre telle qu'on peut la lire dans *Poesia* :

Villeneuve, 27 Septembre

Cher Monsieur,

J'ai en effet reçu votre livre et votre Revue. Le premier me paraît plein de fougue, d'entrain et d'imagination : vous êtes certainement l'égal de nos meilleurs poètes contemporains.

Que vous dire de la seconde, sinon que c'est un album magnifique, « nécessaire à joncher — comme dirait Stéphane Mallarmé — parmi de somptueux coussins, le salon moderne ».

Agréez, Monsieur, ma sympathie.

Paul Claudel.

---

1. « Il gorilla cattolico », *Il Frontespizio*, Firenze, février 1932.

Dans ce même numéro de *Poesia*, on trouve, p. 8, quatorze vers de Claudel : « Je vous ai assiégé »[1]. Sur le livre de Marinetti dont il est question dans cette lettre, *le Roi Bombance*[2], Claudel exprime sans ambages son opinion dans une lettre à Francis Jammes de fin 1905[3] :

> Ce sale pion de X... a eu l'audace de publier dans son ignoble journal une lettre de moi où je déclare qu'il est l'égal de nos plus grands poètes modernes. J'avais écrit : « Vous êtes certainement l'égal de nos plus grands poètes modernes, *à savoir Gustave Kahn et Émile Verhaeren* ». Le drôle a subodoré la plaisanterie et a purement et simplement supprimé les noms propres. C'est une leçon pour moi. On ne devrait jamais plaisanter avec ces voyous. Vous vous rappelez ce passage de l'Enfer où Virgile reproche à Dante d'écouter des rustres qui s'injurient. Pour mettre ces bonnes dispositions en pratique, j'ai refusé à Fort de collaborer au prochain n° de *Vers et Prose*.

Claudel nous éclaire sur le cas qu'il faisait de Gustave Kahn et de Verhaeren dans une lettre à André Gide, du 8 novembre 1908[4] :

> A propos de Marinetti, il m'avait autrefois demandé mon opinion sur le génie dont le ciel l'a doué. Je lui répondis aussitôt que je le considérais comme l'égal des plus grands poètes français contemporains, à savoir Verhaeren et Gustave Kahn. Il subodora sans doute la plaisanterie, car il publia simplement que je le considérais comme l'égal des plus grands poètes français, en omettant toute mention des deux cacographes.

Casnati rapporte que Paolo Buzzi lui rappelait cette collaboration de Claudel à *Poesia* en disant : « Claudel fut — d'une certaine manière — des nôtres ; de nous autres futuristes »[5]. Ces anecdotes posent une question qui reste sans réponse : pourquoi Claudel a-t-il pris la peine d'écrire une lettre en réponse à la demande de Marinetti et surtout d'envoyer un poème à ce « sale pion » ?

Ces tout premiers éléments d'une audience italienne de l'œuvre de Claudel appellent deux remarques. La préparation du terrain opérée par

1. Il s'agit du poème intitulé dans *Corona Benignitatis Anni Dei*, « Obsession », Paul Claudel, *Œuvre Poétique*, Gallimard, « Bibliothèque de la Pléiade », 1957, p. 438.
2. F.T. Marinetti, *Le Roi Bombance*, tragédie satirique, en quatre actes, en prose, Éditions du Mercure de France, 1905.
3. Paul Claudel — Francis Jammes — Gabriel Frizeau, *Correspondance 1897-1938*, Gallimard, 1952, p. 78.
4. Paul Claudel — André Gide, *Correspondance, 1899-1926*, Gallimard, 1949, p. 93.
5. « Paul Claudel in Italia », *Ars Italica*, Torino, 10 octobre 1920.

les imitations de d'Annunzio est très limitée. Elle a pu exercer une action sur l'inconscient des lecteurs du poète italien, mais il ne faut pas oublier que le monde culturel des *vociani* sera en réaction contre l'esthétisme dannunzien. Le passage de la lecture dannunzienne à la découverte par *la Voce* est donc des plus improbable. Tout au plus pourrait-on imaginer que G.A. Borgese, qui appartenait d'assez loin au grouple florentin, ait pu subir cette « préparation » à Claudel en écrivant son livre sur *D'Annunzio* qui date de 1909, mais nous n'en avons aucune preuve[1]. La publicité donnée à Claudel par Marinetti constitue sans doute le premier élément d'une véritable diffusion de son œuvre en Italie. Là encore, l'intervention est, semble-t-il, occasionnelle et certainement déformante.

Claudel et d'Annunzio, Claudel et Marinetti : le cercle s'ouvre au début du siècle, qui enferme la fortune proprement littéraire du poète français. Par delà l'épisode de *la Voce*, ces premiers éléments trouveront une continuation dans l'hommage de Giovanni Papini converti et l'accueil de l'Italie fasciste. Deux lectures différentes, parfois même à l'opposé, mais proches dans leurs résultats : une façon de désamorcer l'œuvre du poète catholique et de la placer sur un plan d'innocuité littéraire.

---

1. G.A. Borgese, *Gabriele d'Annunzio*, Napoli, Riccardo Ricciardi, 1909.

CHAPITRE II

CLAUDEL ET LA VOCE

Les lectures qui sont faites au sein du groupe florentin de *la Voce* revêtent une toute autre portée[1]. Il convient, avant d'essayer de les analyser systématiquement, de situer avec précision le moment de la découverte de Claudel par les membres de ce groupe.

Prezzolini avait été, semble-t-il, le premier à connaître les œuvres du poète français. On lit en effet, dans une lettre à son ami Papini, de 1907 :

> J'ai lu ces jours-ci Hebbel et Claudel. Le *Moloch* est une autre chose grandiose. Hebbel est un extraordinaire réservoir d'énergie, de virulence, de tempête... Je te donne la *Judith* que j'ai en double, depuis que j'ai acheté les *Œuvres complètes*. Claudel aussi est grand : as-tu lu sa « Divine Comédie », *le Repos du septième jour* ? Il y a en lui du Dante et aussi du Maeterlinck, mais plus humain... Il est consolant à notre *âge* (intérieur) de faire de semblables découvertes...[2].

Nous ne savons rien sur les lectures que les Italiens font de Claudel de 1907 à 1910, mais en cette année, avant les discussions publiques consécutives aux articles de Jahier, de très vives discussions privées ont eu lieu sur Claudel[3]. Nous en avons retrouvé quelques traces. Romain Rolland note

---

1. Sur cette revue, voir notre ouvrage, *Romain Rolland et le mouvement florentin de La Voce*, Albin-Michel, « Cahiers Romain Rolland — 16 », 1966.
2. Lettre du 12-II-1907, citée partiellement in Giovanni Papini-Giuseppe Prezzolini, *Storia di un'amicizia — 1900-1924*, Firenze, Vallecchi, 1966, p. 125-126.
3. Voir aussi une lettre inédite de Soffici à Papini, sans doute de la fin de 1907, dans laquelle Claudel est cité (in Mario Richter, *La formazione francese di Ardengo Soffici*, Milano, Vita e Pensiero, 1969, p. 107). Mais l'orientation de Soffici est toute différente et centrée sur les problèmes de l'expression littéraire.

dans son *Journal*, en mars 1910, lors d'une visite de Prezzolini à Paris :
« Nous discutons aussi à propos de Claudel, qu'il admire »[1]. Cette admiration a dû s'exprimer de façon très sincère pour inciter Romain Rolland
à reprendre l'œuvre de son compagnon d'adolescence et écrire à Prezzolini
la lettre suivante, du 16 mars 1910 :

> Mon cher Prezzolini
>
> Je viens de relire l'*Échange*. Vous avez raison. Bien que je regarde
> cette pièce comme une œuvre composite, où se mêlent la vérité
> et le mensonge, le naturel de la vie et toutes les conventions d'écriture
> littéraire, moderne et archaïque (imitations shakespeariennes,
> tragédie antique, libretti d'operas, poésie décadente), — il y a là
> des choses *de tout premier ordre*. Je vous remercie de m'avoir fait
> revenir sur une injustice [...][2].

Prezzolini cependant ne sera pas un ardent défenseur de Claudel dans
la Voce : il se contentera de publier quelques brèves recensions qui dénotent
une admiration vive mais somme toute assez vague. Une citation, en 1910,
dans son grand article sur les *Cahiers de la Quinzaine*[3]. En 1911,
une brève recension de l'*Otage* qui est jugé comme une pièce de théâtre
« excellente »[4] et une note bibliographique sur *la Ville* dans laquelle on lit
cet aveu : « Claudel est aujourd'hui tenu par beaucoup pour un grand poète.
Nous ne lui avons pas encore consacré un essai, à cause de la difficulté de
l'entreprise, mais nous espérons le faire bientôt »[5]. On trouve des notes de
ce type en 1912, mais cette année-là verra d'autres membres du groupe
s'intéresser vivement à Claudel. Prezzolini, par affinité de tempérament
et d'expérience de la vie culturelle, était orienté vers des écrivains français
comme Sorel, R. Rolland ou, parmi les catholiques, vers les modernistes
et Charles Péguy[6].

La convergence de l'intérêt de plusieurs membres du groupe de *la Voce*
aboutira, en 1912, aux articles de Piero Jahier et à sa traduction de *Partage
de Midi*. Pour situer la lecture de Jahier dans son contexte le plus immédiat,
il n'est pas inutile de nous arrêter d'abord sur ce que nous pouvons con-

---

1. Publié in *Romain Rolland et... la Voce*, *op. cit.*, p. 200.
2. Lettre publiée in *Romain Rolland et... La Voce*, *op. cit.*, p. 206.
3. *La Voce*, 5 mai 1910.
4. « Libreria della Voce, Riviste francesi », *la Voce*, 26 janvier 1911.
5. Note anonyme (mais qui peut être attribuée à Prezzolini), « Libreria della Voce »,
La Voce, 9 novembre 1911.
6. Sur ce dernier, voir notre article, « Contribution à l'histoire des *Cahiers* : les premières réactions italiennes », *Péguy*, *Actes du Colloque International d'Orléans*, Minard,
1966.

naître de la lecture que deux de ses compagnons font de Claudel : Giovanni Boine et Scipio Slataper. Il est essentiel de remarquer, avant d'analyser les lectures de ces jeunes écrivains (Boine a 27 ans en 1910 ; Slataper, 22 ans ; Jahier, 26 ans ; Soffici, 31 ans ; Prezzolini, 28 ans) que tous ceux qui, dans *la Voce*, se sont occupés de Claudel ne sont pas catholiques, même si — et c'est le cas de Boine et de Jahier — ils sont très préoccupés par les problèmes religieux. On ne reverra plus en Italie des lectures aussi approfondies de Claudel, de la part d'écrivains qui ne partagent pas sa foi religieuse : de 1914 à nos jours Claudel sera l'affaire des catholiques et les quelques voix non-catholiques qui se feront entendre marqueront leur hostilité devant cette œuvre.

**

Giovanni Boine découvre Claudel au printemps de 1910 ainsi que l'atteste une lettre dans laquelle il déclare à Papini : « Ces derniers jours j'ai lu presque tout Claudel : c'est certainement un très grand. *L'Échange*, par exemple, et *la Ville*, ne surpassent-ils pas Shakespeare ? Le connais-tu ? »[1]. La rencontre avec le poète catholique français intervient donc au moment où Boine, après une période d'intense réflexion religieuse concrétisée par sa collaboration au *Rinnovamento* du groupe moderniste de Milan, se libère d'un intime déchirement entre raison et foi religieuse et se trouve dans un état d'incertitude plus grande et de découragement[2] dont on perçoit les échos dans la lettre ouverte par laquelle il réplique à l'article de Prezzolini sur la situation politique italienne, « Che fare ? »[3]. Dans ce texte important, Boine décrit le vide spirituel de l'Italie, l'absence de foi profonde qui se trouve derrière les références des nationalistes à une tradition toute superficielle «...à l'aigle romaine et aux lions de St. Marc ». Il écrit : « A présent, oui, je le vois, il y a beaucoup de scepticisme dans l'Italie d'aujourd'hui, il y a beaucoup de mauvaise foi, beaucoup de froideur... un homme sincère, un groupe enthousiaste et de bonne volonté, ne peut durer : il a la froideur autour de lui et le rire ». L'Italie moderne a perdu le sens de sa plus profonde tradition que Boine définit comme essentiellement religieuse « qui ose encore parler de foi aux Italiens ? » A cette image déprimante de l'Italie, Boine oppose une série d'exemples français qui sont, à ses yeux, d'autant plus convaincants que la France n'est pas sans présenter les signes d'un mal semblable à celui dont souffre sa patrie car il sait très bien que la France a connu de graves crises et qu'elle fut « divisée férocement par

1. Lettre du 31 mai 1910, citée in Mario Costanzo, *Giovanni Boine*, Milano, Mursia, 1961, p. 47.
2. Voir Mario Costanzo, *op. cit.*, p. 41 sqq.
3. G. Prezzolini, « Che fare », *La Voce*, 23 juin 1910, et G. Boine, « Che fare », *La Voce*, 25 août 1910.

l'affaire Dreyfus et émiettée en mille cliques littéraires et politiques »[1].

Boine cite la peinture que Romain Rolland vient de donner des réactions du peuple français devant une éventuelle déclaration de guerre (*Jean-Christophe, Dans la Maison*). Mais il précise que R. Rolland ne préconise pas, à la différence des nationalistes italiens, le recours à la guerre :

> Mais il n'y a pas, chez Romain Rolland qui vient du groupe humanitaire des *Cahiers* de Péguy, d'incitation à la guerre, c'est une contre épreuve pour ainsi dire, une incitation à prendre conscience de cette profonde unité de tradition, de cette âme organique qui subsiste vigoureuse et vive, sous la dispersion égoïste de la surface[2].

Aux yeux de Boine, Romain Rolland, Péguy et Claudel participent à un ample mouvement qui cherche à donner la France « une conscience précise de sa tradition ». Dans ce texte déjà, il est loin des modernistes et de leur aventure réformatrice[3], il cherche à se situer dans une tradition culturelle nationale. Il cherche à formuler ce sens de la tradition italienne, pour le reconquérir avec ses amis de *la Voce*. C'est précisément au cours de cette réflexion que Boine éprouve le besoin de citer un texte de Claudel, un passage de *La Ville* qu'il oppose à la formule selon laquelle le nationalisme authentique serait la réalisation du « plus grand bien être économique de tous les Italiens ». Il interpelle Prezzolini en trouvant dans Claudel une conception plus profonde et plus humaine, à ses yeux, du nationalisme :

> Tu connais *La Ville* de Claudel : — Quelle est la fonction du Prince ?
> — C'est d'administrer aux nations le bonheur.
> — Et quel est ce bonheur ?
> — Une plus ferme sécurité, une plus large satisfaction — ou encore, le plus grand bien être économique etc...
> Et il vaudra mieux ne pas citer plus avant pour ne pas dire des choses trop profondes. Oui, mais le Prince, qui a médité cela : « je veux être un conducteur d'hommes et non pas un pasteur de bêtes broutantes ».
> Nous parlons d'une ferme ou nous parlons d'une nation ?[4]

---

1. G. Boine, *art. cit.*
2. *Ibid.*
3. La rupture décisive sera marquée par l'article sur « Certe pagine mistiche » (*La Voce*, 17 août 1911) dans lequel il confesse nettement que seule l'activité créatrice de l'intelligence peut lui apporter réconfort : « toute mon intelligence toute mon âme est tendue vers le *concept* ; [...] La religion n'est pas pour moi, elle n'est pas mon réconfort ».
4. *Art. cit.* Les citations sont tirées de *La Ville*, deuxième version, éd. critique par Jacques Petit, Mercure de France, 1967, p. 366 et p. 367.

Cette utilisation de Claudel nous paraît remarquable. L'écrivain français était, pour Boine et sans doute aussi pour son interlocuteur, un auteur vivant, compagnon de leurs réflexions les plus directement engagées dans l'actualité. Claudel n'est nullement cité ici en tant que défenseur d'une conception religieuse traditionnelle de la société. D'ailleurs, Boine ne se laisse pas entraîner à admettre l'utilisation de la tradition religieuse opérée par le nationalisme maurrassien. Il indique qu'il croit nécessaire de considérer « le contenu moral et religieux de notre tradition catholique dans la mesure où elle s'unit intimement, essentiellement, à notre plus large tradition italienne [...] L'acceptation du catholicisme comme tel » ne l'intéresse pas et il dit clairement que « cette acceptation [...] comme on le voit chez les *royalistes* de l'*Action* me parait artificielle et me laisse perplexe ». Certes Boine est loin de Maurras ! Il sépare nettement les aspects historiques et culturels du catholicisme de sa valeur métaphysique actuelle et il évite ainsi de confisquer au service d'une idéologie nationaliste telle ou telle forme contemporaine du catholicisme, Claudel ou Péguy, par exemple.

Boine a le grand mérite, en 1910, de rapprocher des écrivains qui, comme Péguy et Claudel, ne se situent pas dans le même secteur de la littérature française pour l'observateur du temps. Mais il fait mieux : il sait utiliser l'exemple des Français comme une incitation non pas à retrouver je ne sais quelle tradition catholique italienne unilatéralement, mais bien à relier l'effort de *la Voce* à l'ensemble de la tradition risorgimentale, Mazzini en tête. Il peut alors exprimer sa confiance dans l'avenir de l'Italie, de façon très nette :

> Je ne crois pas, tu ne crois pas, les nationalistes ne peuvent croire, Mazzini, parbleu, ne croyait pas, que ce scepticisme, cette dissolution, ce paganisme de mauvais aloi soit pour les Italiens une fatalité immuable, comme une pierre au cou qu'on ne peut ôter. C'est de cela qu'il faut avant tout persuader les Italiens qui rient, que leur âme est capable d'autre chose que de la religion de l'art, de la jouissance et de l'épicurisme. Voilà la conscience à donner aux Italiens avant tout si nous ne voulons pas que nos efforts soient à jamais inutiles[1].

Deux ans plus tard, Giovanni Boine reprend cette analyse de la situation morale italienne dans un article sur l'*Immolé* d'Émile Baumann[2]. Il étudie les conditions spirituelles de la diffusion des œuvres catholiques en Italie en insistant sur l'orientation hypercritique des intellectuels italiens :

---

1. *Art. cit.*
2. *La Voce*, 7 mars 1912.

Il est curieux de voir comme chez nous les enthousiasmes lyriques sont des enthousiasmes rhétoriques... Le peuple, si tu veux, peut endosser le cothurne et déclamer, que sais-je, *la Nave*, mais il sait que c'est un mensonge. Nos intérêts intimes, nos intérêts spirituels intimes, ne deviennent jamais chez nous une profonde et spontanée vibration lyrique : ou seulement à travers une médiation et une transposition rhétorique !

De cette observation générale, il tire des conséquences précises : que les Italiens n'observent pas à l'égard de Manzoni une attitude répondant à la rigueur intérieure de l'auteur des *Inni Sacri* ; ils trouvent dans son œuvre « un sens profond d'humanité, plus qu'un catholicisme réel ». Boine découvre autour de lui un vide effrayant, sans doute exagéré mais qui caractérise bien l'atmosphère de ce milieu de *la Voce* :

Mais je dis que l'Italie n'a plus aucune expression sérieuse et vraie, ni religieuse ni laïque, que nous n'avons donc plus une conscience définie de notre plus profonde réalité ; et par conséquent nous sommes désormais défunts, ou dans la perspective d'un renouveau du monde, pas encore nés.

Face à cette analyse d'une douloureuse lucidité envers sa propre culture, Giovanni Boine peint une image de la vie culturelle française exaltée et vivifiante. « Il y a comme une chaude serre catholique dans la littérature française aujourd'hui : serre d'œuvres d'art de cachet, d'inspiration catholique ». La création authentique n'est pas un fait de masses, les analyses de Boine portent sur des groupes restreints, que l'on peut identifier aisément. Ce renouveau catholique commence, selon lui, avec la « conscience claire, (conscience d'un fait acompli), que le catholicisme agonise, et le sens nostalgique de sa grandeur ordonnée ». Et il dégage deux pôles de la littérature catholique française du moment : l'art ambigu de Huysmans et de Verlaine dont *Sagesse* éveille en Italie des échos durables et profonds non pas à cause de l'ingénuité du chant, de la sincérité de la confession mais au contraire parce qu'on y sent l'artifice, la parade, les vélléités impuissantes. Parce que c'est « un art double, comme chez Verlaine *parallèle*, qui ne vous entraine pas, qui ne vous requiert pas comme ce qui est violemment senti » ; parce que c'est « un art de mode catholique ; s'il était catholique spontanément chez nous, il lasserait ». Voilà le premier aspect, les eaux mortes du catholicisme français qui séduisent l'Italie. L'autre pôle, l'œuvre de l'avenir, correspond à l'image vivante de la culture française : « l'œuvre d'art catholique définitive et sincère » se trouve du côté de Péguy que l'on découvre en Italie depuis deux ans et dont on se lasse déjà : « On me dit qu'avec son second *Mistère de Jeanne d'Arc*, Péguy commence à ennuyer

chez nous. Trop de théologie. Assez avec la théologie. Assez avec la théologie et la religion. Nous voulons de nouveau les vieilles diatribes dreyfu-
sardes et *Notre Jeunesse* et *Victor Marie comte Hugo* par exemple ». Aux
yeux de Boine, Péguy « est trop vivant et trop chrétien pour sentir la tragédie
du catholicisme actuel ».

Boine est habité par le rêve ensanglanté d'une œuvre qui serait « comme
un cri de mourants, comme le violent effort d'esprits à l'agonie ». Et, dans
ce sens, Claudel réalise ses aspirations les plus secrètes : « Claudel... oui,
Claudel est le plus tragique et le plus large esprit lyrique que le catholicisme
ait eu depuis des siècles. Mais je ne parle pas de Claudel volontiers ». Et il
cite l'*Otage*, *la Ville*, *la Jeune Fille Violaine* et *le Chemin de Croix*. Dans
cet article, Boine fait la preuve qu'il n'est pas dupe du catholicisme de
Baumann chez qui il décèle une impuissance à aller au fond des ténèbres,
impuissance aussi à proclamer sa foi parmi les hommes. On comprend
en lisant cet article ce que Boine entendait lorsque, un mois plus tôt, il
écrivait à propos de Claudel :

> Il parait par exemple une œuvre nouvelle, il parait aujourd'hui
> l'*Otage* de Paul Claudel, et rares sont ceux qui peuvent la lire et la
> comprendre vigoureusement comme je la comprends. Grand drame,
> drame vécu et profond drame auquel mon âme adhère sans réfléchir
> plus, sans désirer plus.
>
> Car une préparation de plusieurs années m'a conduit ici ; toutes
> mes préoccupations spirituelles, tout le martellement varié de mes
> plus profondes pensées pendant plusieurs années m'a conduit ici.
> A ce drame. Et lui, l'*Otage*, il exprime à moi-même, il incarne pour
> moi ce qui était rêvé, ce qui s'accumulait en moi depuis plusieurs an-
> nées vivant et trouble et pourtant abstrait et désincarné ; lui, il est grand
> et parfait pour moi car mon histoire intérieure est la même que
> celle de Paul Claudel, tourmentée, nostalgique de tradition et de rite...[1]

Certes ces réactions caractérisent d'abord la personnalité de Giovanni
Boine, esprit tourmenté par les problèmes religieux, et ne sauraient être
portées au compte de l'ensemble du groupe de *La Voce*, mais elles jettent
une vive lumière sur la façon dont ces jeunes écrivains lisaient Claudel.
Les œuvres ne sont pas utilisées ici pour démontrer une thèse, Boine n'en
opère nulle réduction à des fins idéologiques. Il constate simplement que
L'Otage se situe dans l'axe même de sa propre recherche. Cet écrivain de
29 ans n'a pas encore donné le meilleur de sa production : *Il peccato*[2],

---

1. « Un ignoto », *La Voce*, Firenze, 8 février 1912.
2. *La Riviera ligure*, Oneglia, octobre 1913 — juin 1914, repris in *Il Peccato e altre cose*, Firenze, Libreria della Voce, 1914.

Frantumi[1], *Plausi e botte*[2]. Avant de connaître des réussites rendues difficiles par une volonté constante de ne pas séparer la création poétique de la conscience critique, il reconnaît dans le drame claudélien l'œuvre qu'il rêve, depuis plusieurs années, de réaliser. Le rêve vague et contradictoire incarné dans une écriture.

*
* *

La lecture de Scipio Slataper est également caractéristique de ce sérieux avec lequel les jeunes *vociani* abordent l'œuvre de Claudel. Il découvre Claudel également dans cette année 1910 et il n'est pas impossible que des influences réciproques aient joué entre ces différentes lectures sans que l'on puisse préciser davantage. Au printemps, une allusion dans une lettre à Prezzolini montre que Slataper connaissait déjà l'œuvre de Claudel[3]. Dans une lettre datée de Trieste, 6 mai 1910, Slataper demande à Prezzolini de lui expédier *l'Arbre, la Vita Nuova*, Shakespeare[4]. Ces indications sont bien vagues mais il est certain que dans les années 1910-1911, Slataper se livre à une lecture attentive de Claudel. Les volumes du poète français circulent entre son amie triestine Elody et lui-même, installé alors à Florence[5]. Piero Jahier précise que Prezzolini avait été informé de l'existence de *l'Arbre* par Alessandro Casati ; il aurait alors donné le livre en lecture à Slataper, qui en prit connaissance avec difficulté, lenteur et enthousiasme :

> Scipio en a été profondément frappé. C'était l'époque où la réaction au titanisme positiviste, qui devait déboucher sur les horreurs du fascisme, était déjà en germe, au moins dans le champ de la pensée [...] Scipio cependant savait mal le français, et il me demanda d'abord de lire *l'Arbre* avec lui, puis me le confia. Je possède encore le volume annoté de sa main[6].

Ainsi, Scipio Slataper aurait été directement à la source de l'intérêt que Jahier porta à Claudel. Les dates concordent, et cela explique que Jahier découvrit Claudel relativement tard, par rapport à Prezzolini, Boine et Slataper.

---

1. *La Riviera ligure*, septembre 1915, repris in *Frantumi, seguiti da Plausi e botte*, Firenze, Libreria della Voce, 1918.
2. *La Riviera ligure*, 1916, repris in *Frantumi...*, *op. cit.*
3. Voir lettre du 10 marzo 1910, in S. Slataper, *Epistolario*, Milano, Mondadori, 1950, p. 191 : « quello là non era mica Claudel ! Che chiacchieri ? »
4. Scipio Slataper, *Epistolario*, *op. cit.*, p. 206.
5. *Alle tre amiche*, Milano, Mondadori, 1958, p. 223.
6. « Claudel con gli occhi dello spirito », *Il Dramma*, Torino, 1er septembre 1949, repris in P. Jahier, *Con Claudel*, a cura di Vanni Scheiwiller, Milano, All' Insegna del Pesce d'Oro, 1964, p. 56.

Celui-ci s'intéressait tout particulièrement au théâtre, il traduisait en ces années la *Judith* de Hebbel[1] et préparait une thèse sur Ibsen[2] : il était en conséquence bien préparé pour apprécier les œuvres dramatiques de Claudel, et il se trouvait, de ce point de vue, en mesure de jouer un rôle d'introducteur auprès de Jahier. L'article qu'il consacre au *Partage de Midi*, après la parution de la traduction de Jahier confirme cette orientation et mérite d'être analysé dès à présent car il nous éclaire sur la façon dont il était capable d'aborder l'œuvre de Claudel[3].

On retrouve dans cet article des idées chères au jeune poète de Trieste. D'emblée il déclare que les œuvres d'art qui retiennent plus immédiatement sa génération sont des œuvres théâtrales, des drames. Dans cette forme, c'est la grandeur héroïque qui séduit Slataper, une grandeur vécue en réaction contre l'esthétisme dannunzien. Pour lui l'art doit être en relation avec la vie et assumer une fonction éthique :

> A l'homme correspond toujours l'artiste, et l'artiste à l'homme ; non seulement il y a correspondance mais c'est le même, l'homme communiquant, par l'unique voie, avec les hommes et seule la fausse conception de la morale comme vérité coercitive, selon laquelle un acte est bon ou mauvais en soi et non par rapport à une conscience, a permis d'écarter l'art du domaine de l'éthique.

On le voit : Slataper exprime ici une conception des rapports entre l'art et l'éthique qui suppose un effort personnel pour réinventer l'exigence d'une morale. Il est loin des jugements hâtifs d'un moralisme spiritualiste et par conséquent bien préparé à comprendre Claudel. Après avoir défini les rares œuvres qui répondent à ce besoin essentiel, Dante, *Faust*, Michel-Ange, Beethoven, Eschyle, il écrit : « Et ici se situe *Partage de Midi* de Claudel, mais selon une intention beaucoup plus précise qu'il ne parait à première vue ». Scipio Slataper propose alors une traduction de ce titre difficile : « *La recisione meridiana* », en s'expliquant : « On peut traduire par « *recisione* » (décision coupée) en forçant un peu l'italien comme, je crois, on a forcé le français. L'image est la même. Dans toutes les langues l'acte moral, décision, division, choix, jugement, est toujours représenté comme une coupure ». Ce faisant, Slataper se place au centre de la signification du drame de Claudel :

---

1. Friedrich Hebbel, *Giuditta*, tragedia in 5 atti, tradotta de Marcello Loewy e Scipio Slataper, Firenze, 1911.
2. Slataper soutient sa thèse « di laurea » sur *Ibsen, suo sviluppo intelletuale e artistico sino ai Fantasmi* en automne 1912. Cette thèse sera publiée sous le tire *Ibsen* dans la collection « Letterature moderne », dirigée par A. Farinelli, en 1916, après la mort, sur le Podgora, de Scipio Slataper (3 décembre 1915).
3. « Partage de midi », *La Voce*, 12 septembre 1912, repris in *Scritti letterari e critici*, Roma, « La Voce », so. an. ed., 1920.

Les dernières pages sont un cantique religieux qui s'élève à partir d'éléments contradictoires, passion et Dieu, femme et homme, et, les unissant — alors même qu'ils restent toujours distincts et présents — dans une atmosphère élevée, il accompagne l'âme qui se dégage douloureuse et sereine.

Scipio Slataper estime donc qu'un effort de sympathie active est indispensable pour découvrir « l'intention du poète ». Sans cette participation constructive du lecteur, on risque fort de ne trouver dans *Partage de Midi* qu'incohérence entre de « splendides affirmations lyriques de caractères, qui cependant ne sont pas liés entre eux ». Il est très sévère pour les images claudéliennes. Il n'admet pas le jaillissement baroque de ce lyrisme. Plus : à ses yeux, ces « inepties » sont liées à des faiblesses plus graves, touchant à l'organisation de l'œuvre. Slataper reproche ainsi à Claudel l'incohérence du personnage de Mesa, ou plutôt la conception que celui-ci se fait de Dieu. Il observe que le Dieu de Mesa doit beaucoup aux religions orientales et païennes, les images utilisées nous persuadent que son Dieu n'est pas le nôtre. Fort bien, cela pourrait se justifier par une opposition entre Orient et Occident. Mais comment expliquer alors que, à l'article de la mort, le héros soit « aristotélicien et catholique ». De même, Slataper observe que si l'on peut comprendre et accepter avec joie, comme vérité de vie, que la sainteté assume la passion et la rachète, l'issue du drame n'est pas entièrement convaincante : « le drame toutefois est commandé par un appel externe », la purification est en quelque sorte artificielle, le chant de la passion gardant, jusqu'à la fin, toute sa force. Et Slataper de conclure : « Sans doute le poète a senti tout cela et ôté de la circulation son livre pour des raisons morales : il s'y trouve un charme terrifiant, que le processus de purification ne parvient pas à réduire ».

On pourrait estimer que nous nous trouvons ici en présence de la première manifestation des réticences qui conduiront un Bargellini à s'opposer sévèrement à la sensualité de la poésie claudélienne[1]. La différence est toutefois essentielle : la critique de Slataper, enthousiaste et d'une lucidité exigeante, se situe dans le sens — ou plutôt cherche à se situer dans ce qu'elle croit être le sens — de l'œuvre. Elle est critique de créateur qui attend de la lecture une lumière décisive sur sa propre vie — et il semble que *Partage de Midi* la lui ait un moment apportée — et sur les problèmes de son art. Elle est, chez cet écrivain anxieux de découvrir une poésie qui soit « vraiment une victoire lyrique sur nos anxiétés philosophiques, sociales, politiques »[2], exigence de pureté et d'accomplissement absolu dans l'art. J'en vois la

---

1. Voir plus bas, première partie, chapitre VII.
2. Cité par Carlo Martini, *La Voce, Storia e bibliografia*, Pisa, Nistri-Lischi, 1956, p. 34-35.

preuve dans cette confidence que l'on découvre quelques mois plus tard dans une lettre à l'amie Elody :

> Y a-t-il une voie entre Eschyle et Ibsen ? Existe-t-il une poésie qui parle ? Pour moi, écrire un drame est la même chose que trouver le ton de ma vie d'aujourd'hui : un style ni humble ni superbe, ni prose ni poésie : et Claudel non plus. Le seul musicien que je voudrais écouter est Beethoven. Mais lui était pur[1].

Telles sont les limites, ô combien dignes de respect, auxquelles se heurte Slataper en lisant Claudel. Nous avons aperçu, avec le peu de documents dont nous disposons, quelle gravité, quel sérieux dans la discussion entourait la découverte de Claudel chez ce jeune écrivain et son ami Boine. On retrouve au cours d'une plus longue fréquentation de l'œuvre et dans ses rapports avec l'homme, un engagement personnel de la même qualité chez Piero Jahier. Celui-ci, jeune débutant, jouera un rôle déterminant dans la diffusion de l'œuvre de Claudel en Italie, mais on peut soutenir sans risquer de se tromper que, sans les discussions que nous venons d'évoquer, il n'aurait pu servir aussi efficacement l'œuvre qu'il admirait.

---

1. Vienne, 26 février 1913, in S. Slataper, *Alle tre amiche*, Milano, Mondadori, 1958, p. 277.

CHAPITRE III

PIERO JAHIER DÉCOUVRE PAUL CLAUDEL

Dans l'analyse de la rencontre que Jahier fit, en 1912, de l'œuvre de Claudel, nous devons tenir compte des renseignements que Jahier nous donne sur son état d'esprit de l'époque dans un texte de 1949 que nous avons déjà cité : « Claudel con gli occhi dello spirito », ainsi que de documents, lettres et articles, que nous avons pu retrouver.

A la différence de Slataper, le style de Claudel n'arrête pas Jahier auquel sa formation religieuse permet, nous dit-il, d'entrer de plain-pied dans la poétique claudélienne :

> Pour moi, qui avais été formé depuis l'enfance sur la Bible (j'avais étudié l'hébreu et je lisais les psaumes dans l'original) ce langage poétique n'était en rien rebutant. Cette atmosphère de prophétisme mystique, ces versets, ces images pesantes et charnelles [...] m'étaient proches, expressions familières et naturelles. Ainsi s'exprimaient encore mes oncles vaudois, toujours dans l'attente du Millénium[1].

Piero Jahier est, en effet, originaire d'une famille vaudoise du Piémont[2]. Son père, pasteur vaudois, a créé autour de son enfance une atmosphère imprégnée de poésie biblique et d'exigences religieuses. Du point de vue du style, c'était là une excellente préparation à la lecture de Claudel — qui pouvait se combiner avec l'imprégnation rimbaldienne ou whitmanienne,

---

1. « Claudel con gli occhi dello spirito », *Il Dramma*, Torino, 1er septembre 1949, *art. cit.*
2. Voir lettre n° 29 et notes.

auteurs alors beaucoup lus à Florence[1] —, mais sans aucun doute les questions morales et religieuses sont au moins aussi importantes et cet aspect sera décisif dans l'évolution des idées de Jahier sur l'écriture même.

Au moment où il découvre Claudel, la situation religieuse de Jahier est celle d'un homme qui a été croyant, qui ne « professe » plus sa foi[2] mais qui n'a pas remplacé celle-ci par un credo quelconque dans le progrès ou le devenir de l'humanité. Il ressentait, dit-il, un sentiment de deuil, de vide et d'angoisse : « J'avais cru et j'avais prié. Et je portais fidèlement le deuil de ma prière du passé. Je n'avais pas répondu à mes questions avec la théologie du devenir »[3]. État d'esprit très proche de celui de Giovanni Boine à la même époque, on le voit. Claudel était un écrivain qui imposait à la conscience du jeune Jahier, « avec des mots nouveaux, le sens de l'angoisse d'un ciel vide, qui va de Leopardi à Kierkegaard »[4]. A cet égard, il est significatif que Piero Jahier place en exergue de ses deux articles les plus importants sur Claudel, celui de 1912 et la préface à la traduction de l'*Art poétique*[5], ces versets fameux de la *Cinquième Ode* :

> Faites que je sois entre les hommes comme une personne sans visage
> ...comme un semeur de solitude et que celui qui entend ma parole
> Rentre chez lui inquiet et lourd.

Mais l'intérêt tout particulier que Jahier porte à *Partage de Midi*, s'il se situe dans cette direction, paraît motivé par le sujet même du drame[6].

---

1. Sur Rimbaud, voir plus bas, p. 38 note 1. Piero Jahier cite Whitman à propos de la métaphore claudélienne (préface à sa traduction de *l'Art poétique, op. cit.*) :
« Exalté, rapt, ecstatic,
The visible but their womb of birth,
Of orbic tendencies to shape, and shape, and shape,
The mighty earth — eidòlon ».
2. Voir lettre nº 3.
3. « Claudel con gli occhi dello spirito », *art. cit.*
4. *Ibid.*
5. *Arte poetica*, trad. con introduzione di Piero Jahier, Milano, Libreria Editrice Milanese, 1913.
6. Nous ne savons pas comment les *vociani* ont eu connaissance de l'existence de *Partage de Midi*. Il n'est pas impossible que ce soit à travers un numéro de *l'Amitié de France* (la lettre de Jahier, nº 2, nous prouve que cette revue était reçue à la rédaction de *la Voce*). En effet, Georges Dumesnil publia une présentation de *Partage de Midi*, suivie d'extraits, dans laquelle il note : « [...] C'est un poème, en versets cette fois, dont le symbolisme se laissera assez bien pénétrer, ce me semble, à ceux qui en auront cure, mais dont le sens, une fois séparé des mots qui le réalisent, nous engagerait dans des questions très complexes ; il soulève, à propos d'un drame passionnel, un de ces problèmes de la destinée où il est juste de laisser de la liberté aux songeurs ». (*L'Amitié de France*, août-septembre-octobre 1908).

Jahier semble, si on en croit son témoignage de 1949, avoir été avide de découvrir comment cet homme qui priait dans une époque sans prière avait vécu un drame d'amour humain. Il insiste sur cet aspect : « [...] quand nous découvrîmes que cet assoiffé de Dieu avait écrit ce *Partage*, un drame de sa rencontre avec le charnel féminin dans une passion coupable, nous brûlâmes de le lire »[1]. Et il explique : « Slataper était intact, comme Mesa. J'avais eu une expérience des abimes de la passion, bien que je puisse, comme le poète, élever vers le ciel : « mon clair enfant triomphant...»[2]. Il n'est pas impossible non plus que cette histoire d'adultère ait touché très profondément Piero Jahier dont le père s'était suicidé quand il avait douze ans « par remords d'avoir manqué à ses devoirs de fidélité conjugale », selon l'expression de Claudel[3].

La lettre que Jahier écrivit à Claudel le 3 février 1912, immédiatement après avoir lu, d'un trait, *Partage de Midi*, confirme cette analyse : l'accent y est mis sur l'angoisse et le besoin de méditer en silence cette parole qui le touche au fond de lui-même (lettre n° 2). La seconde lettre, du 15 février, reflète l'ampleur des questions que *Partage de Midi* pose au jeune écrivain italien (lettre n° 3). Cette méditation enthousiaste et tourmentée aboutit à un grand article que Jahier publie dans *la Voce*, le 11 avril 1912[4]. Cet article ainsi que l'échange de lettres que nous publions nous permet de tracer les grandes lignes des thèmes qui ont dominé la rencontre entre les deux hommes jusqu'au moment où, fin novembre 1912, Jahier rend visite à Claudel à Francfort s/Main.

Claudel est pour le jeune Jahier à la fois un compagnon engagé dans une recherche semblable à la sienne et un maître, un père, dont l'exemple le fait sérieusement réfléchir à ce qui dans sa vie tient la place essentielle, la foi religieuse — ou son absence — et la création poétique. Dans son article, Jahier insiste sur l'authenticité de l'engagement de Claudel dans la création littéraire. Il ne fait pas profession d'homme de lettres, mais assume les responsabilités d'une vie d'homme ordinaire, servant son pays comme consul et se trouvant ainsi loin de son pays et de la civilisation occidentale durant ses meilleures années. Ce choix touche Jahier qui, employé des Chemins de fer ou à la *Libreria della Voce*, a ressenti cette nécessité d'assurer son indépendance d'écrivain par un travail d'homme ordinaire. Il le dit en ces termes dans un texte intitulé « Un homme ordinaire » :

---

1. « Claudel con gli occhi dello spirito », *art. cit.*
2. *Ibid.* Voir ce que dit Claudel de cet épisode de la vie de Jahier dans son *Journal*, Introduction par F. Varillon, texte établi et annoté par F. Varillon et J. Petit, Gallimard, 1968, cité plus bas, p. 110.
3. *Journal*, cité p. 110 — Voir aussi le témoignage de Prezzolini à ce sujet, plus bas p. 105.
4. *Art. cit.*

Ce fut dans mon adolescence que je sentis, avec une certitude absolue, d'être appelé dans la vie moins à agir qu'à exprimer. Mais avec une certitude aussi grande je sentis que je n'aurais pu m'exprimer si je n'avais eu d'abord le courage d'être un homme ordinaire qui gagne son pain, vendant quelque chose d'utile, en dehors de la poésie, sur le marché du monde [...]

Dans ce temps-là, je ne voyais qu'un travail, si possible technique et étranger à la littérature, qui puisse me maintenir libre, c'est-à-dire poète. Avec ce viatique spirituel, je m'assujetis à ma condition d'Adam, qui fut celle de l'employé des Chemins de Fer[1].

L'exemple de Claudel confirme donc Jahier dans une orientation fondamentale de sa vie. Cependant le poète français n'est pas seulement le compagnon d'une lutte déterminée par la situation sociale de la production artistique. Il prend très vite, et très précisément le soir où il lit *Partage de Midi*, la figure exigeante d'un maître et d'un père. Jahier le voit « dans la force recueillie de sa grandeur »[2], ce qui le bouleverse[3] et lui procure la paix. Il lui confie alors : « Le soir que je lisais *Partage de Midi* j'ai signé un pacte avec votre esprit [...] » et il lui demande un portrait en disant : « Cela me fera du bien de travailler sous vos yeux sévères »[4]. Quatre jours plus tard, il réitère cette manifestation d'humilité : « Comme un père vous m'avez accueilli et voilà la nourriture que vous m'avez apprêtée est en moi pour toujours.

» Or je sais que je ne pourrais jamais vous rendre une millième partie de ce que vous m'avez donné en posant votre main ferme sur ma jeune tête »[5]. *Partage de Midi*, on le voit, a joué un rôle nettement plus fort que les autres œuvres de Claudel que Jahier avait pu lire auparavant[6]. Les lettres que nous avons citées nous laissent deviner, derrière leurs phrases grandiloquentes, bien plus que la curiosité d'un jeune homme avide de voir comment le poète catholique avait peint un drame de la passion coupable. Claudel devient, dans l'inconscient du jeune Jahier, une image liée très précisément à celle de son propre père. Tandis que celui-ci n'est pas parvenu à surmonter l'épreuve de la passion et s'est suicidé, Claudel a traversé en homme fort le drame humain et offre à son lecteur l'exemple d'une foi victorieuse.

---

1. Piero Jahier, *Poesie*, Firenze, Vallecchi, 1964, p. 7-9.
2. Lettre n° 3, du 15 février 1912.
3. Voir lettre n° 2, écrite immédiatement après la lecture de *Partage de Midi* : « Votre lettre et cette lecture m'ont plongé dans une véritable angoisse. Des yeux s'ouvrent en moi qui étaient depuis longtemps fermés ».
4. Lettre n° 3.
5. Lettre n° 5, du 19 février 1912.
6. Jahier nous indique nettement qu'il a lu au moins *l'Arbre* avant de découvrir *Partage de Midi*, voir p. 24. Ce volume comprend, rappelons-le : *Tête d'or, La Ville, L'Echange, La Jeune fille Violaine*.

On retrouve ce bouleversement dans l'article d'avril 1912 : « Non, non, il m'importe dans ces jours d'incrédulité monstrueuse de voir devant moi, compacte dans sa totalité indissoluble la figure rocailleuse de Claudel poète, de Claudel croyant »[1]. Phrase assez étonnante chez quelqu'un qui est alors à peu près incroyant ! Elle révèle plutôt, semble-t-il, le trouble affectif dans lequel la rencontre avec Claudel l'a plongé, la remise en question de ses positions religieuses en particulier. Cet article ne dissimule pas, d'ailleurs, les difficultés que Jahier a rencontrées devant la foi de Claudel :

> Je lui ai résisté longuement : cherchant la faille dans sa doctrine, comme un enfant devant l'arrangement d'un spectacle et me disant puisque je ne pouvais conclure avec lui ' credo in unum Deum ', que son catholicisme aristotélicien n'avait d'autre fonction que de s'opposer au monde moderne, comme un expédient spirituel pour produire le choc, la division, le drame, le partage de l'ordre humain et de l'ordre divin.

Il oppose au christianisme construit sur les ruines fumantes de la démocratie, *La Ville* : « le christianisme de la démocratie fondée sur la justice »[2], Déjà, dans cette réaction devant la foi religieuse claudélienne, ce n'est pas tant le contenu qui importe. Jahier refuse plus profondément la structure, le système de rupture avec le monde contemporain qu'il aperçoit dans l'attitude de Claudel. A cet égard, Jahier se différencie d'hommes tels que Boine ou Slataper et il se trouve plus proche d'un Prezzolini, intéressé par les tentatives de renouveau du modernisme.

Sans vouloir aborder ici le problème de l'influence de Claudel sur l'écriture de Jahier, nous devons cependant noter la remise en question à laquelle l'exemple de Claudel le conduit en ce domaine. Ici peut-être saisit-on, de la façon la plus assurée, la réalité de la commotion intérieure provoquée par cette rencontre. Piero Jahier dit lui-même dans sa lettre à Claudel du 5 février 1912 que la lecture de *Partage de Midi* l'a décidé à « ne plus me complaire à cet art d'impressions et d'interjections dans lequel je me suis plu », art proche de la définition qu'il donne dans cette même lettre de Rimbaud et Verlaine : « l'art atomique, pulvérisé, fragmentaire [...] dépourvu de sens, mais art »[3]. Malgré cette profession de foi, cette adhésion enthousiaste, la conversion de l'écriture ne s'acquiert pas aussi facilement. Jahier en est conscient. Dans sa lettre la plus enflammée, il résiste aux conceptions de Claudel : « Quand vous parlez d'art composé, architectural, vous ne

---

1. P. Jahier, « Paul Claudel », *La Voce*, Firenze, 11 avril 1912.
2. *Ibid.*
3. Cf. le jugement de Renato Serra, cité plus bas, p. 77-78 qui confirme, en position de lecteur, cette analyse que Jahier nous livre de son art.

pensez pas à l'art mais à la vérité [...] » et il affirme avec force : « Toute théorie fixée d'avance est pernicieuse à la spontanéité de l'œuvre artistique [...] »[1]. Il rappelle dans son article ces difficultés : « Je lui ai résisté longuement : niant la spontanéité de son intuition, l'amalgame natif, la juxtaposition prodigieuse de la pensée et de l'image ; en doutant ainsi comme artiste, en le taxant d'intellectualisme et de raffinements ». Si la familiarité avec la Bible lui permettait de comprendre aisément l'écriture de Claudel, il ne croyait pas pour autant devoir l'admettre comme voie de l'avenir : « Et j'ai dit, à propos du langage biblique à versets : saluons l'image d'un monde qui disparait »[2]. Ici, Jahier refuse un système, une structure figée qu'il rattache à « cette énorme aspiration contemporaine vers l'ordre, l'autorité, la hiérarchie » dont il parle à propos de l'Action Française[3]. Nous retrouverons chez lui le refus de cet engagement réactionnaire lorsqu'il repoussera une image du catholicisme toute d'ordre et d'autorité. Jahier sera toujours du côté de l'Évangile de Valdès, l'Évangile du Christ, Évangile « des violents, d'anarchie pour la vérité »[4]. Cependant Jahier affirme dans son article l'authenticité de la création poétique claudélienne et sans adhérer totalement à ce que ses positions idéologiques ont de systématique, en religion comme dans le domaine de l'écriture, il reconnaît dans les œuvres de Claudel une possibilité qu'il offre à ses amis italiens comme alternative aux recherches jusqu'alors en honneur dans le groupe de *la Voce* :

> Je ne vois de central et d'unique chez Claudel que sa parole.
> La poésie pour s'ouvrir à l'humanité a besoin d'autre chose que de fantaisie ; elle a besoin de la vérité.
> O nous tous écrivains de tableautins, artistes !
> Cet homme a quelque chose à dire à notre génération
> O nous tous artistes, écrivains de tableautins, maîtres de la forme.
> Car nous sommes tous artistes, étant de la même semence.
> Car il y a des herbes sur lesquelles on glisse ; et les arbres, les arbres terribles, immenses dans le ciel[5].

Ainsi cet article de Jahier s'inscrit dans une direction très proche de celle de Giovanni Boine et de Scipio Slataper. La traduction de *Partage de Midi* sort en juin 1912[6]. Le 19 août, Emilio Cecchi consacre à *Partage de*

---

1. Lettre n° 3.
2. P. Jahier, « Paul Claudel », *La Voce*, Firenze, 11 avril 1912.
3. Voir lettre n° 1, note 8.
4. *Ibid.*
5. *Art. cit.* Nous donnons une analyse complémentaire de cet article dans une note à la lettre n° 7.
6. Voir lettre n° 13.

Midi un article dans le quotidien *la Tribuna*, de Rome : malgré quelques graves erreurs d'interprétation, cet article classe également Claudel parmi « les rares poètes qui [...] construisent sur la vérité »[1]. En septembre paraît l'article de Scipio Slataper que nous avons déjà analysé et qui témoigne lui aussi des réflexions d'un créateur vivement concerné par l'œuvre de Claudel. Dans cet automne 1912, la découverte de Claudel va ouvrir en Italie un débat qui mettra en évidence les graves contradictions de la culture du groupe de *la Voce*, débat qui se situe dans la même direction que celui, intime, que nous venons d'analyser chez Piero Jahier. Le fait, qui sera estompé dans la polémique opposant deux tendances du groupe de *la Voce*, semble significatif si l'on veut comprendre que ces discussions ne sont pas superficielles, mais mettent au jour des réalités essentielles de cette époque.

---

1. Voir lettre nᵒ 15, note 3.

CHAPITRE IV

LA POLÉMIQUE JAHIER-SOFFICI

Ardengo Soffici, très informé de la vie littéraire française par ses longs séjours à Paris, réagit contre l'engouement pour la traduction de *Partage de Midi*. Soffici prétend qu'

> il a suffit que notre ami Jahier ait traduit *Partage de Midi* et publié un essai sur l'auteur, pour que toute une légion de journalistes et d'autres découvreurs d'Amériques, qui, jusqu'à hier ignoraient totalement et ce drame et toute l'œuvre et même l'existence de Claudel, se soit précipitée sur ce nom[1].

Il semble que Soffici ait très fortement exagéré car nous n'avons pas trouvé trace, dans la presse de ces mois, d'un rayonnement de cette ampleur. Le seul article important que nous ayons retrouvé pour cette période est celui, déjà cité, d'Emilio Cecchi, dans *la Tribuna* de Rome[2]. De ce texte il ressort que Claudel est alors inconnu en Italie : Cecchi éprouve le besoin de le différencier non pas tellement d'écrivains de la génération antérieure comme Barrès, mais de Péguy et de son groupe, Suarès, Daniel Halévy, dont il avait déjà parlé dans son journal. Il précise qu'entre le milieu de 1911 et août 1912, le nom de Claudel « franchissait avec peine la frontière de notre pays, qui ne semble savoir se faire expédier de France que d'insipides et tremblantes galantines, comme les derniers volumes de Bourget, d'A. France, de Barrès ». Sans doute d'autres articles ont pu échapper à nos investigations, mais il est fort probable que l'approximation de nos résultats

---

1. « Il Claudellismo », *La Voce*, 10 octobre 1912, Les deux articles de Soffici ont été repris in Ardengo Soffici, *Statue e Fantocci, Scritti letterari*, Firenze, Vallecchi, 1919.
2. Emilio Cecchi, « Partage de Midi », *La Tribuna*, Roma, 19 août 1912.

soit cependant assez bonne car elle confirme ce que Jahier rétorque alors à Soffici :

> mais ce claudélisme, ...où est-il ce claudélisme ? Deux articles et la traduction d'un drame ne font pas un mouvement d'infatuation digne de vos armes... Et qu'auriez-vous donc pensé, mon cher Lemmonio, si après cinq ou quinze (beaucoup en somme) articles sur Rimbaud ci et Rimbaud là, Rimbaud dessus et Rimbaud dessous, quelque médisant (il y en a, hélas) s'était hasardé à nous prendre, ainsi en bloc, pour un cercle de rimbaldiens ?[1]

De plus, Soffici lui-même reconnaîtra, dans sa réponse à Jahier, qu'il serait fort embarrassé de faire état de ces nombreux articles sur Claudel. En somme, nous pouvons conclure que Claudel était en discussion en Italie à la rentrée de 1912, dans les milieux littéraires. Cela explique les attaques de Soffici d'autant plus que *la Voce* avait joué un rôle important dans cette divulgation de l'œuvre du poète français. Soffici, membre de la rédaction de l'hebdomadaire florentin, se devait de marquer publiquement son désaccord afin de ne pas endosser la responsabilité d'une sorte de campagne en faveur d'un auteur qu'il désapprouvait.

Avant d'en venir aux critiques de fond, Soffici soulève une question très extérieure à l'œuvre de Claudel mais qui mérite de retenir notre attention car elle permet de mieux comprendre le mécanisme de la lecture des *vociani*. Soffici, qui avait vécu à Paris de façon à peu près continue de 1901 à 1907, met en avant sa connaissance privilégiée des milieux français et il affirme dans son premier article que Claudel fut célèbre à Paris une dizaine d'années auparavant, sa gloire étant alors liée au groupe de l'*Occident*, fameux en 1904 (ou plutôt en 1907), bien oublié en 1912. Jahier repousse cet argument d'autorité en montrant qu'il est historiquement inexact. Il affirme que l'œuvre de Claudel suscite un intérêt diffus et varié qui n'a rien à voir avec un engouement de cénacle. Il cite le jugement de Georges Sorel (« aujourd'hui il n'est pas jusqu'au vieux Sorel qui n'en écrive en le rapprochant des grands tragiques grecs »[2]) et le fait que la *Nouvelle Revue*

---

1. « Claudellismo e Lemmonismo », *La Voce*, 17 octobre 1912. De ces cinq (ou quinze) articles sur Rimbaud auxquels Jahier fait allusion, il ne subsiste dans la *Bibliographie de Rimbaud en Italie* de F. Petralia (Firenze, Sansoni, Institut Français de Florence, 1960) que trois numéros (n° 182-184) dont l'un est constitué par l'article de Soffici. Les recherches de Petralia ont été menées avec des instruments semblables à ceux que nous avons utilisés. En réalité Soffici nous donne le moyen de comprendre ce que représente ce petit nombre d'articles lorsqu'il écrit : « Sur quels documents est fondé, par exemple, pour un étranger, la réputation naissante de notre excellent Panzini ? Quatre ou cinq articles, mais le succès et la gloire sont dans l'air » (« Claudellismo ancora », *La Voce*, 24 octobre 1912).

2. Dans un article sur « *L'Otage* de Paul Claudel » (*L'Indépendance*, 15 juillet 1911, Georges Sorel cite le *Prométhée enchaîné* et les *Euménides* et, après avoir déclaré : « nous

Française « qui est le noyau de jeunes écrivains le plus sérieux, semble le considérer comme un maître »[1]. La réplique de Soffici est significative : « Du reste je voulais simplement dire ceci : que la jeunesse d'avant garde vit un moment à cette époque (1904), un grand homme en puissance dans Claudel. Elle s'aperçut de son erreur et aujourd'hui elle le définit comme tant d'autres : ' un écrivain honorable ' »[2]. De même, il se montre très au courant des réalités parisiennes lorsqu'il affirme que « l'opinion de Sorel, politicien et catholicisant, ne fait pas autorité ». Sorel était alors beaucoup plus connu en Italie — par ses articles du *Resto del Carlino* notamment — qu'en France. Tout ceci tend à montrer que la connaissance précise de la vie littéraire française (il est exact que Claudel a connu un succès auprès des petites revues post-symbolistes), prive Soffici de l'avantage dont jouissent les florentins moins familiarisés avec Paris : Prezzolini, Jahier, Slataper. Il ne bénéficie pas du recul, de la distance. Son jugement est, dans une certaine mesure, influencé par ce que la vie littéraire parisienne a de plus superficiel, les antagonismes de chapelles. Cette différence de perspective est sans aucun doute un élément important qui explique que la lecture de Soffici soit moins « naïve », moins immédiate que celle de Jahier. De l'avoir mise en évidence ne nous empêche certes pas de voir que l'opposition entre les deux *vociani* est fondée sur des raisons plus graves.

Soffici ne refuse pas Claudel parce qu'il ne partage pas sa foi religieuse. Il déclare honnêtement que ses positions métaphysiques et morales ne le rapprochent pas de Claudel mais ce fait ne joue pas un rôle essentiel dans son anti-claudélisme puisqu'il peut apprécier Manzoni et Dante. C'est l'art de Claudel que Soffici met en question. Il lui reproche son archaïsme aussi bien dans sa vision du monde que dans ses choix d'écriture et il met en évidence la discordance de *Partage de Midi* : drame bourgeois moderne dont les personnages réagissent selon une psychologie actuelle mais utilisent un langage poétique d'autrefois, « emprunté, dirait-on, à d'autres héros ». A ses yeux, Claudel tombe dans une erreur semblable à celle d'un Gauguin «qui tentait de retrouver la grandeur égyptienne en représentant un porc breton avec le dessin et les nouveaux empâtements de l'impressionisme ». Pour Soffici, le cas de ces créateurs est clair : ils cherchent « le sublime ailleurs que dans l'approfondissement de leur matière, de leur

---

n'avons plus de poésie sacrée, qui puisse entrer dans un drame eschylien ; mais la prose offre des ressources que les théoriciens de la rhétorique ont souvent beaucoup trop négligées », il écrit, à propos de *l'Otage* : « je laisse aux doctes le soin de déterminer dans quelle mesure Paul Claudel a construit sa prose suivant des lois satisfaisantes ; mais [...] je sais bon gré à Paul Claudel d'avoir employé des formes d'expression qui établissent une séparation si nette entre *l'Otage* et les œuvres dramatiques contemporaines ».

1. « Il Claudellismo », *art. cit.*
2. « Claudellismo ancora », *art. cit.*
3. « Il Claudellismo », *art. cit.*

langage. Erreur que ni Renoir ni Rimbaud ne commirent ». A. Soffici ne met pas en cause une orientation idéologique indépendante de la réalité esthétique des œuvres. A ses yeux, les deux aspects sont liés : l'orientation idéologique est marquée de façon objective dans le choix de langage. D'un côté des écrivains qui cherchent le « sublime », la valeur de leurs œuvres, dans les dimensions religieuses ou spirituelles : Jahier, Boine, Slataper et aussi Prezzolini et Papini sur un autre registre, moins religieux. De l'autre des écrivains et poètes qui approfondissent d'abord « leur matière », le langage. Le clivage s'établit pour Soffici entre Gauguin (et Gustave Moreau), — le Gauguin sensible au folklore breton, — et Renoir, engagé de façon plus nette dans une recherche sur le langage pictural. D'un côté, la juxtaposition arbitraire d'une intention idéologique et d'une rhétorique, chez Claudel ou, dans un tout autre contexte, chez d'Annunzio, et de l'autre l'invention d'un nouveau langage poétique, l'aventure qui aujourd'hui nous retient encore chez Rimbaud. La position de Soffici est parfaitement nette : il ne s'agit pas d'une raison morale ou partisane.

> La raison est autre et bien plus grave à mon sens : ce qui me rebute chez ces auteurs Péguy et Romain Rolland et chez leurs semblables (les frères Tharaud, Châteaubriant, Charles-Louis Philippe, etc.) ce n'est pas tant la manie de prêcher, toujours contraire à l'esprit poétique, ou les sous-entendus moraux, ou sociaux, ou politiques, mais bien leur style pâle, sans nerf, impersonnel ou artificiel, voire ridicule ; l'absence totale chez eux de ce qui me fait aimer Dante et Manzoni, non à cause de leur catholicisme mais parce qu'ils sont des artistes de génie et immortels. Leur art en un mot, en tant qu'Art, « art pour l'art » que tu as l'air de mépriser, voilà ce qui m'intéresse et me passionne[1].

La mise en évidence de cette position assumée par Soffici risque cependant de nous amener à un gauchissement du débat. Le point de vue de Soffici est polémique : en réalité des écrivains comme Slataper, Jahier ou Boine n'étaient pas insensibles à la recherche d'un langage. Il suffit de rappeler ici que Boine avait dénoncé, au début de cette même année 1912, une réduction idéologique superficielle manifestée par les Italiens sous l'influence du catholicisme, dans leur lecture de Manzoni[2]. Le débat ne se situe pas à ce niveau. Il révèle deux orientations fondamentales dans le groupe de *la*

---

1. A. Soffici, « Claudellismo ancora », *art. cit.*
2. Dans un article sur *L'Immolé* de Baumann (*La Voce*, 7 mars 1912) dans lequel Boine remarque que l'on apprécie facilement en Italie les œuvres de Verlaine, de Coppée, de Francis Jammes qui sont imprégnées, par réfraction, d'une mode catholique, tandis que les œuvres de Claudel ou de Péguy sont inconnues — ou presque — en Italie parce qu'on y découvre « un catholicisme plus spontané ».

Voce. L'aventure de ces années est dominée, en Italie comme dans l'ensemble de la culture européenne, par la destruction des valeurs du XIXe siècle. L'une des orientations que l'on observe alors en Italie est de destruction radicale, celle du futurisme qu'un Slataper jugera sévèrement en y découvrant une médiocrité causée par l'absence de « véritable contenu spirituel »[1]. L'orientation de *la Voce*, prise dans son ensemble, peut se définir comme une tentative pour renouveler la tradition italienne, en critiquant de façon très nette la situation culturelle de la fin du siècle mais sans définir d'orientation idéologique précise. Renouveau de la culture italienne par une lecture neuve de son histoire et par une ouverture très large à un grand nombre de courants européens. Cette situation précisée, il n'est pas surprenant de constater des divergences entre les membres du groupe. Certains — et ce sera le cas pour Soffici ou pour R. Serra — insisteront sur l'importance primordiale des recherches sur le langage et seront d'abord soucieux d'évacuer les compromissions avec l'idéologie ambiante et les préoccupations « moralistico-religieuses », trop évidemment liées à une société structurée par un catholicisme sociologique[2]. D'autres — et c'est le cas de Slataper, de Jahier, de Boine — chercheront à donner à leurs recherches formelles (ils n'ignorent pas cette exigence et Serra compare avec raison les « bozzetti » du jeune Jahier à ceux du premier Soffici[3]) un engagement idéologique. Nous avons pu voir comment la lecture de Claudel s'insère dans cette recherche du jeune Jahier. Dans ce débat, on peut dire avec A. Romanò que « l'on assiste à l'affrontement des raisons opposées de deux morales et de deux littératures, également issues de *la Voce* et qui y coexistent »[4]. Deux engagements différents mais tous deux créateurs et dont la divergence, avec le recul du temps, paraît mineure en regard de l'importance de leur opposition à la culture de la fin du siècle et de l'enjeu d'une redécouverte de la tradition italienne la plus authentique[5].

---

1. S.S. [S. Slataper] « Il futurismo », *La Voce*, 31 mars 1910.

2. Ainsi R. Serra comme Soffici, reprochera, à Jahier une « falsification » de Claudel qui proviendrait, en partie, d'une orientation « moralistico-religieuse » attribuée à Jahier et au groupe des « ligures » dont Giovanni Boine est la figure la plus marquante. (*Le Lettere*, Roma, G.A. Bontempelli, 1914, repris in *Scritti di Renato Serra*, Firenze, F. Le Monnier, 1958, vol. I, p. 339-340). Sur le jugement de Serra sur les rapports Claudel-Jahier, voir plus bas, p. 77-78.

3. *Le Lettere*, *op. cit.*, p. 339.

4. A Romanò, introd. à *La Cultura italiana del' 900 attraverso le riviste* vol. II, *La Voce (1908-1914)*, Turin, Einaudi, 1960, p. 68.

5. Ces pages étaient écrites lorsque parut l'étude de Mario Richter, *La formazione francese di Ardengo Soffici*, Milano, Vita e Pensiero, 1969, qui consacre un chapitre à cette polémique (p. 202-214) et parvient, d'une manière différente, à des conclusions proches des nôtres.

CHAPITRE V

A LA VEILLE DE LA GUERRE

Ces articles de Jahier et de Soffici situent de façon précise l'essentiel du débat autour de Claudel qui s'est instauré en Italie au sein du groupe de *la Voce*. Cependant nous trouvons encore avant la guerre de 1914-18 quelques manifestations reliées à cette controverse. Deux noms d'écrivains de premier plan s'y rencontrent : Giuseppe-Antonio Borgese et Giovanni Papini.

Jeune critique de trente ans parmi les plus brillants de sa génération, Borgese dispose depuis 1912 de la tribune du *Corriere della Sera* et d'une autorité fondée sur l'habileté à élever un débat à ses plus larges horizons. Il conteste, dans l'article qu'il consacre à Paul Claudel en décembre 1912, que celui-ci ait récemment acquis une influence notable sur la jeunesse italienne[1]. Il s'efforce de réagir vigoureusement contre la fascination que, selon lui, les écrivains français exercent sur la jeunesse littéraire italienne. Borgese se veut mesuré dans son appréciation : *Partage de Midi* est ainsi qualifié de « drame juvénile », tandis que, à propos de *l'Otage* et de *l'Annonce*, il insiste sur les contradictions d'une œuvre dans laquelle, par exemple, on voit l'auteur juxtaposer les doctrines de la cité de Dieu et un drame d'amour d'une violence wagnérienne et d'une sensualité décadente. « Situation spirituelle inquiétante », conclut le jeune critique. Et il s'emploie à minimiser l'importance de cette littérature. Rapprochant Claudel de Péguy, il observe ainsi :

> Ce sont des exprits complexes et profonds. Mais ne nous hâtons pas de les appeler nos guides, pour la seule raison qu'ils vien-

---

1. Giuseppe-Antonio Borgese, « Paul Claudel », *Corriere della Sera*, Milano, 17 décembre 1912, repris in *Studi di letterature moderne*, Milano, Treves, 1915.

nent de France : ils tâtonnent encore dans la nuit et ne voient pas leur route.

Ces jugements empreints d'une distance hautaine sont particulièrement ressentis par les jeunes écrivains enthousiastes de Claudel et proches de Borgese dont les débuts, ne l'oublions pas, se sont déroulés à Florence. Ainsi Giovanni Boine commente l'article du *Corriere della Sera* en des termes qui montrent combien l'autorité de Borgese pouvait faire réfléchir un homme qui pourtant pratiquait Claudel depuis longtemps :

> Le Claudel de Borgese c'est l'excès d'une tendance qui en soi est bonne. Comme lorsque les vieux critiquent et font *pouah* ! devant les jeunes. Ils ne les ont pas compris, ils ne peuvent pas les comprendre, et cependant dans une certaine mesure ils ont raison. Se ranger du côté de Soffici et se moquer du claudélisme de Jahier, c'est exagéré. Et c'est facile aussi car Jahier est un ingénu. Moi aussi, à présent, je me méfie de Claudel ; j'y sens trop un désaccord entre l'écriture et la morale. Mais il ne faudrait pas être traditionnaliste au point de censurer, par exemple, le rythme biblique et prosaïque qui est le sien, pour la seule raison qu'on n'y trouve pas de règles fixes ; il ne faudrait pas non plus être manzonien au point de criti- quer *l'Otage* en suivant les critères historicistes qui structurent *l'Adelchi* et *Carmagnola.* Ce sont là des excès de réaction qui sentent le système, l'aridité.

Mais, après cette mise au point somme toute mesurée, Boine conclut : « Malgré tout comme symptôme d'une tendance générale, on ne doit pas rejeter l'article de Borgese ; sa conclusion est juste »[1]. Nous ne pouvons accorder trop d'importance à une lettre dont nous ignorons le destinataire, mais ce texte montre bien que Boine remettait, partiellement, en question son admiration pour Claudel. C'est là un caractère fondamental de la lecture des florentins : à l'enthousiasme est toujours lié un esprit critique, comme une crainte d'être dupe.

On peut être étonné de ne pas avoir entendu la voix de Papini dans la polémique Jahier-Soffici. Au moment où Jahier publie ses articles sur Claudel, la direction de *la Voce* est entre les mains de Papini. Celui-ci, dans une année où il rédige son chef-d'œuvre, *Un uomo finito*[2], est pris par la difficulté ressentie de façon de plus en plus aiguë, d'organiser de façon

---

1. Fragment de lettre sans date ni indication de destinataire, publié in *Circoli*, Roma, avril 1935.
2. Firenze, Libreria della Voce, 1912 (le livre sort les premiers jours de 1913, voir Giovanni Papini et G. Prezzolini, *Storia di un' amicizia, 1900-1924, op. cit.*, p. 271).

satisfaisante les rapports entre une conception de la littérature comme expression de l'individualité absolue, nihiliste et pourtant engagée dans une création foisonnante, conception qui domine *Un uomo finito* ; et les exigences de réflexion politique et plus largement culturelle qui étaient celles de *la Voce* de Prezzolini. Cette tension aboutira, à la publication, le 1er janvier 1913, d'une nouvelle revue, dirigée par Papini et Soffici, *Lacerba*. Selon la pertinente analyse de Gianni Scalia, il s'agit là d'une « solution extrémiste de la crise interne de la culture de *la Voce*[1]. » Dans cette revue, Papini peut s'avancer plus librement dans une recherche dominée par une exigence de totale liberté philosophique. *Lacerba* est le moment pour lui d'une « philosophie ' hardie et folle ' dans le sens le plus plaisant et périlleux de liberté, immoralité, goût du paradoxe »[2]. Papini réagit devant Claudel de façon plus radicale que Soffici. Alors que les réserves de ce dernier étaient celles d'un artiste contre une tentative de subordonner l'art à l'idéologie « moralistico-religieuse » du catholicisme, chez Papini c'est un mépris hautain — les mentions qu'il fait de Claudel sont très brèves — et la dénonciation vigoureuse d'une mode catholique en littérature. Le titre de son article, publié par *la Voce* avec laquelle il n'avait rompu que sur le plan théorique, est éloquent : « Puzzo di cristianucci »[3]. L'attaque de Papini est d'une efficacité remarquable car il s'en prend, de propos délibéré semble-t-il, au meilleur de la littérature catholique défendue par *la Voce*, à Péguy et à Claudel :

> Je n'exagère pas, écrit-il : il n'y a pas besoin d'exagérer. N'avons-nous pas lu dans ce journal les tapisseries de Jeanne d'Arc et l'hymne à Saint-Barthélémy de deux parmi les écrivains français d'aujourd'hui les plus lus ? [...]. La nouvelle vague catholicisante vient, naturellement, de la France. Depuis un siècle, la mise au goût du jour poétique du christianisme est une forme du mal français.

Cependant Péguy avait retenu les *vociani* d'abord comme auteur de *Notre Jeunesse* et directeur des *Cahiers de la Quinzaine* : le poète catholique n'a été célébré sur *la Voce* que par la publication, dans les derniers mois de 1912, d'un fragment de « la tapisserie de Sainte Geneviève et de Jeanne d'Arc »[4]. Il est exact que *la Voce* a publié, en décembre 1912, un poème inédit de Claudel, « Saint Barthélémy »[5]. Tandis que Prezzolini semble sympathiser

---

1. Introduction à *La cultura italiana del ' 900 attraverso le riviste* — vol. *IV, Lacerba, La Voce (1914-1916)*, Torino, Einaudi, 1961, p. 11.
2. *Id.*, p. 16.
3. *La Voce*, 9 janvier 1913.
4. *La Voce*, 21 novembre 1912. Voir notre article, « Contribution à l'histoire des *Cahiers* : les premières réactions italiennes », *op. cit.*
5. *La Voce*, 12 décembre 1912, poème repris in *Corona Benignitatis Anni Dei*, NRF, 1915.

avec Claudel[1], que Boine remet en question seulement en partie son admiration pour Claudel et qu'il le cite dans son « Epistola al Tribunale »[2] en attaquant Soffici, tandis que *la Voce* publie un second poème inédit de Claudel, « Saint Nicolas »[3], et que Jahier publie sa traduction de l'*Art Poétique*, accueillie par le silence[4], Papini, dans un article sur Tristan Corbière, réunit les trois meilleurs adeptes *vociani* de Claudel dans un mépris sans nuances : Jahier, Boine, Slataper sont pour lui « nos très incompétents découvreurs d'aujourd'hui : laissons-les ' abracadabrer ' maintenant autour de Claudel »[5]. Un an plus tard, Papini donnera dans un article de *Lacerba*, une définition célèbre de notre auteur : « Claudel est un Rimbaud à l'eau de rose, évaporé et qui a tourné à l'aigre »[6]. Ainsi, parti d'une prise de position résolument centrée sur le problème idéologique, la verve polémique entraîne Papini à formuler un jugement global — et d'abord esthétique — sur Paul Claudel. Après sa conversion, Papini rendra hommage au poète français en particulier dans la préface au recueil *Pane e Vino*[7]. Mais ceci importe peu à notre propos. Il est au contraire essentiel de constater que les prises de position de Papini marquent un tournant capital dans la lecture que la critique italienne fait de Claudel : celui du glissement vers des déformations idéologiques délibérées.

---

1. Dans un compte-rendu sur *les Marges* (*La Voce*, 31 juillet 1913), il note que les rédacteurs de cette revue « furent les premiers à déclarer grand Claudel, en 1905 ».
2. *La Voce*, 21 août 1913.
3. *La Voce*, 18 septembre 1913, repris in *Corona Benignitatis Anni Dei*, NRF, 1915.
4. Paul Claudel, *Arte Poetica — Conoscenza del tempo — Trattato della co-nascenza al mondo e di se stesso*, trad. autorizzata con introduzione a cura di Piero Jahier, Milano, Libreria editrice Milanese, 1913.
5. G. Papini, « Presentazione di Tristan Corbière », *La Voce*, 2 octobre 1913.
6. G. Papini, « Ciò che dobbiamo alla Francia », *Lacerba*, Firenze, 1er septembre 1914. Repris dans Papini, *La paga del Sabato*, Milano, Studio Editoriale Lombardo, 1915.
7. « Soliloquio sulla Poesia », *Pane e Vino*, Firenze, Vallecchi, 1926, p. 189 en note : « Dans ces notes sur le poète comme récupérateur de l'unité je me suis inspiré de certaines pensées du grand poète catholique Paul Claudel ».

CHAPITRE VI

L'UTILISATION PARTISANE

La lecture des *vociani*, de Jahier, de Boine, de Slataper n'était pas, malgré les accusations polémiques de Soffici et de Papini, une lecture essentiellement orientée par un souci idéologique. Certes l'orientation religieuse de Claudel est importante pour les jeunes Italiens, mais leur lecture est ouverte à d'autres considérations sur l'œuvre : celle-ci est d'abord un texte que l'on médite. Elle n'est pas un texte que l'on classe dans un système idéologique, voire que l'on apprécie seulement dans la mesure où il se laisse enfermer dans un univers moralistico-religieux. Lorsque, en revanche, Johannes Joergensen réplique à Papini dans la petite revue catholique de droite publiée à Sienne, *La Torre*, Claudel se trouve doublement réduit par une critique partisane. Papini classait négativement, en janvier 1913, Claudel parmi les écrivains qui opèrent « le rafraîchissement poétique du christianisme »[1]. A la fin de cette même année, J. Joergensen cite Claudel dans une réponse à l'article de Papini « Esistono cattolici ? »[2] et le classe comme « le plus typique de toute la nouvelle école catholique française »[3].

La guerre va accentuer ce mouvement et bientôt on n'entendra plus les jeunes écrivains de *la Voce* parler de Claudel : Giovanni Boine meurt de maladie, à 30 ans, en 1917 ; quant à Slataper et Jahier ils sont des hommes qui ne se contentent pas d'inciter leurs compatriotes à la guerre. Ils se battent tous deux et Scipio Slataper meurt sur le Podgora le 3 décembre 1915, à l'âge de 27 ans. Un texte de Jahier publié avant l'entrée en guerre de l'Italie nous permet cependant de constater que si le nom de Claudel était associé à la volonté de voir son pays intervenir aux côtés de la France, il

---

1. Papini, « Puzzo di cristianucci », *art. cit.*
2. *Lacerba*, 15 novembre 1913.
3. J. Joergensen, « I cattolici esistono », *La Torre*, Siena, 21 décembre 1913.

ne se laisse pas entraîner à donner une image patriotico - moralistico religieuse du poète français[1]. Pour situer exactement ces pages, il convient de rappeler l'importance du débat religieux qui s'était, immédiatement, engagé entre Jahier et Claudel. Nous avons dit combien Jahier avait été « inquiété » — au sens claudélien — par la parole du poète français[2] au début de l'année 1912. Lors de la visite que Jahier rend à Claudel à Francfort, en novembre 1912, la question religieuse a certainement été abordée entre les deux hommes. Tandis que Claudel est frappé par la destinée du jeune homme, ainsi que l'atteste la brève note qu'il lui consacre dans le *Journal*[3]. Piero Jahier ne semble pas sur le chemin de la conversion au catholicisme et après son départ Claudel lui écrit : « Vous êtes un enfant de Dieu, un beau et solide morceau d'humanité. Quel dommage que certaines choses essentielles manquent encore pour que je puisse vous appeler mon frère »[4]. L'attitude ferme de Jahier que ces phrases laissent deviner rend plausible la réaction dont celui-ci fait état dans un texte de 1955. L'image paternelle que Jahier s'était forgée de Claudel semble avoir reçu un rude coup au cours de ce voyage. Si on en croit ce témoignage tardif, Francfort aurait été le théâtre d'un épisode assez étrange. Claudel l'aurait abandonné dans un quartier périphérique pour entrer dans une église se confesser. Manque d'égard évident envers son hôte protestant qui aurait été vivement déçu par la conduite du poète en cette circonstance :

> Comment pouvais-je désirer cette certitude qui s'était révélée si fallacieuse lorsqu'il m'avait laissé, lui-même, d'urgence, à l'improviste, dans la banlieue de Francfort que je ne connaissais pas, pour aller se confesser, se la faire confirmer par une autre conscience ? N'étions-nous pas déjà en train de nous confesser entre nous ?

Après cette déception, nous avons peu de renseignements sur l'évolution des rapports Claudel-Jahier. Ce dernier publie en mars 1913 sa traduction de l'*Art poétique* avec une introduction qui accorde peu de place aux confidences personnelles. Jahier semble moins enthousiaste qu'au moment où il traduit *Partage de Midi*, mais le caractère de ce travail peut expliquer cette apparente froideur[5]. Il faudra attendre la guerre et la fin de janvier 1915 pour trouver une lettre de Claudel à travers laquelle on devine le visage que Jahier allait redécouvrir quelques mois plus tard à Florence[6]. Au milieu

---

1. Piero Jahier, « Con Claudel », *la Voce*, 14 juin 1915, repris in *Con Claudel, op. cit.*
2. Voir chapitre III.
3. « A 20 ans, crise de foi et de pureté. Dieu le conduit au temple où il voit celle qui est maintenant sa femme » (*op. cit.*, 242, voir lettre n° 16, note 2, p. 132.
4. Lettre n° 17, du 2 janvier 1913.
5. Voir lettre n° 20, note 2.
6. Lettre n° 24, 30 janvier 1915.

de la propagande patriotique, Claudel s'affirme comme serviteur d'une foi toujours plus intransigeante. Pour lui, la guerre est le lieu de bouleversements prodigieux qui rendent Dieu plus proche : « Il n'y a qu'une chose intéressante, c'est l'idée que le chemin vers Dieu est en ce moment plus court qu'il n'a jamais été », écrit-il dans sa lettre.

C'est ici que se situe le « Con Claudel » de Jahier, sorte de longue prose poétique, dialogue inspiré par les heures passées avec Claudel lors du séjour de ce dernier à Florence en mai 1915[1]. D'entrée de jeu, Jahier marque la séparation religieuse entre Claudel et lui : « Nous, seuls, ensemble et séparés : entre nous l'Église qui assure, mais limite et sépare : ' pourquoi ne veux-tu pas vivre dans la certitude ' ». Sans doute un lien précis entre le domaine religieux et celui de l'histoire actuelle est-il établi à travers la figure de Claudel. Celui-ci est un « homme fort, latin, qui vient de peuples auxquels on a rationné la liberté, la joie et la paix ». C'est un homme engagé dans une foi et citoyen d'un pays qui se bat. Jahier est l'homme d'un pays qui attend de montrer que son peuple « n'est pas vil » :

> Je jure que ce peuple réponde
> Je jure que ce peuple n'est pas vil.

L'opposition entre Claudel, l'homme qui marche, et Jahier, l'homme qui refuse la joie de marcher, est d'une beauté saisissante au centre de ce texte :

> Nous marchons, Claudel est un bon marcheur.
> Corps solide, calme, économisé. La force de l'art s'ajoute à la force de la vie. Il ne se détend pas ; il accroche ; il s'établit sur la route avec un pas simple, volontaire.
> Je ne sais plus marcher. C'est une joie de marcher. Depuis que nous attendons la guerre je me la suis refusée. Ma jambe gauche, bielle portante du corps, jambe d'offensive, est rouillée ; la droite dévie devant l'obstacle.

Mais Jahier ne va pas plus loin. Il décrit Claudel écrivant un poème sur la vie future tandis qu'il dit de lui-même :

> Je pense à la guerre, sens de la vie terrestre future.

---

1. Le texte de Jahier évoque, en toile de fond, une promenade faite le 17 mai 1915, selon Claudel (*Journal, op. cit.*, p. 321). Jahier précise : « Nous avions dépassé minuit, conversant sous la pergola de l'auberge de l'Imprunetta, ce soir de printemps de 1915, si proche de notre déclaration de guerre. On ne pouvait rentrer à Florence qu'à pied — Km 16 » (« Ricordo di Claudel », *art. cit.*) Ces circonstances sont attestées par Claudel qui note dans son *Journal* : « Le soir, la Chartreuse, Puis à l'improviste dîné dans une auberge, retour s[ous] un magnifique ciel étoilé pendant que Jahier me récite des vers de Dante ».

Et ce long texte est essentiellement une présentation de l'Italie, un plaidoyer pour l'intervention. Jahier ne sacrifie pas à l'idéologie confuse qui mêle alors morale, religion et engagement dans la guerre. Il assume une responsabilité humaine, politique, de citoyen et rien de plus. Sa déclaration de 1955 est en plein accord avec son texte de 1915 :

> Plus que jamais, je veux être aujourd'hui un homme misérable, avec toutes les misères des misérables hommes dans mon misérable cœur. Et si j'allais volontaire dans les horreurs de cette guerre ce ne serait pas pour cette raison qui me parait une ironie blasphématoire : que la guerre puisse ' rendre plus court le chemin vers Dieu '[1], mais avec la timide espérance que la résistance à l'agression puisse rendre plus court le chemin de l'homme vers l'homme[2].

Ce texte de Jahier provoquera une longue lettre de la part de Claudel[3]. Face à ce jeune homme sensible, qui ressent une sorte de gêne, de timidité devant la foi éclatante de Claudel[4], celui-ci pose avec brutalité l'alternative : ou bien son interlocuteur trouve *la certitude* et alors il sera son frère ou bien il ne la possède pas et alors ce sera un homme dans un état « si misérable, si affreux, qu'il m'est impossible de l'imaginer ». Claudel serait-il saisi par une charité compatissante devant le sort de son malheureux ami ? Pas du tout ! Il marque fortement, au contraire, la distance entre lui et ce « maudit » : « Et moi qui vous croyais un homme parfaitement sain, un vrai fils de la terre latine ! Il n'est pas commode de se dépêtrer de la malédiction protestante ! » On ne pouvait être plus blessant pour le descendant des disciples de Valdès...

Piero Jahier, avec une humilité et une fierté admirable, répond en informant Claudel qu'il vient de recouvrer sa foi religieuse et en situant le débat de façon parfaitement équitable. Il précise que dans son texte il s'agissait de « certitude *ecclésiastique* », de possibilité de vivre à l'intérieur de l'Église catholique, la seule digne du nom d'Église pour Claudel. Face au fanatisme de ce dernier, il dit très bien :

> [...] les 39 maudits hérétiques de mon nom « JAHIER » qui ont souffert le martyre pour la foi dans les Montagnes du Piémont, sont morts aussi bien pour moi que pour vous, car ils sont morts pour

---

1. Cette expression fait allusion à la lettre de Claudel du 30 janvier 1915 (n° 25) dans laquelle on peut lire la phrase que nous avons citée : « Il n'y a qu'une chose intéressante c'est l'idée que le chemin vers Dieu est en ce moment plus court qu'il n'a jamais été ».
2. « Ricordo di Claudel », *art. cit.* Ce paragraphe a été omis dans la traduction française (*la Nouvelle Nouvelle Revue Française*, septembre 1955).
3. Lettre n° 27, du 27 novembre 1915.
4. Voir lettre n° 27, note 2.

l'Église catholique triomphante, si ce n'est pour l'Église catholique militante qui les persécuta[1].

Claudel s'excusera de sa maladresse, mais dans les deux lettres qu'il écrit encore à Jahier, il revient sur la nécessité de rejoindre l'Église catholique militante, en expliquant la position de son correspondant par une faiblesse humaine et en lui annonçant une inévitable conversion[2]. Ces lettres appartiennent à la réalité d'un échange inauthentique. Claudel refuse d'accorder une valeur égale aux idées de Jahier et aux siennes. Il enferme son interlocuteur dans son propre système, établi arbitrairement dans une situation de supériorité. Le dialogue cesse : il n'y a pas lieu d'en être étonné.

L'aventure des relations personnelles de Claudel avec Jahier s'inscrit dans une courbe qui épouse l'évolution de la critique claudélienne. La voix de Piero Jahier, cette voix d'homme libre, qui sait rester lui-même en face de toutes les idéologies, même vécues par un poète qu'il admire profondément, va céder la place à l'utilisation partisane de Claudel. Ce fait est dans la logique de l'échange inauthentique : Claudel qui se soucie peu des valeurs de son correspondant va être lu par des gens qui se moquent de sa littérature, ne s'intéressant qu'à l'idéologie que celle-ci semble servir. Cruelle mais juste réponse de l'histoire !

En 1915, avant de rencontrer Jahier à Florence, Paul Claudel avait donné en Suisse et en Italie un certain nombre de conférences — « une tournée de conférences littéraires, catholiques et patriotiques »[3]. Lucien Gennari qui avait fait une conférence sur Claudel dans le même but[4], était secrétaire du cercle littéraire milanais « le letture Fogazzaro ». Il l'a l'idée de demander à Claudel de parler lui-même. Il lui adresse une invitation en ces termes le 4 mars 1915 : « Je serais heureux de vous faire connaître davantage en Italie, pour le bien même de mon pays. Ne voudrez-vous pas parler en public à Milan ? Je suis à votre disposition pour m'occuper de la chose. Vous feriez beaucoup de bien à l'idée française [...] »[5]. La conférence aura lieu

---

1. Lettre nº 29, 2 décembre 1915.
2. Voir lettre nº 32, 7 janvier 1915, : « [Jésus Christ] vous montrera toutes choses doucement et peu à peu ».
3. Lettre à Frizeau du 7 juin 1915, citée par F. Varillon et J. Petit in Claudel, *Journal*, *op. cit.*, p. 1235.
4. Lucien Gennari écrit à Claudel (lettre inédite du 4 mars 1915) : « Je voulais faire une conférence qui fût utile à la France en ce moment et j'ai parlé de votre œuvre : les orateurs qui viennent de France nous parlent de la révolution et des Droits de l'homme et souvent ils produisent un effet désastreux parlant de la corde dans la maison d'un pendu ».
5. Lettre inéd. citée.

en quelque sorte en marge de la tournée suisse, au Conservatoire de Milan, le 29 avril, et Claudel la redonnera à Bologne, le 9 mai[1]. Quant à Gennari, essayiste d'origine française fort préoccupé de servir les intérêts de la France en guerre, il donnera plusieurs conférences sur Claudel, à Milan, à Turin et dans des villes de moindre importance[2] puis il publiera, dans la *Rassegna nazionale* de Rome, un grand article sur Claudel qui lui vaudra le billet suivant de Gustavo Botta[3] :

> Cher ami, merci pour tout. J'ai lu votre article, très utile. Vous devriez en faire plusieurs ; ils aideraient à la connaissance de la vraie France, à peu près inconnue, et des Français, de piètre réputation chez nous. Si vous m'envoyez vos autres publications, je vous en serais très obligé. Je vous salue avec sympathie. G. Botta[4].

Cette activité de Lucien Gennari entre dans le cadre de la propagande pour la « vraie France » qui annexe Péguy à côté de Barrès, de Maurras et de Psichari... Elle aboutit à la publication d'un ouvrage, *Poesia di fede e pensieri di vittoria*[5], dont le seul titre est éloquent. Deux chapitres sont consacrés à Claudel, qui occultent totalement *Partage de Midi* ! On peut y lire :

> Le poète catholique auteur du mystère : *L'Annonce faite à Marie*, se distingue parmi les personnes qui représentent le mieux la France contemporaine. Non certes parce qu'autour de son nom s'est déjà répandue une gloire bruyante. Mais il est sans doute comme le proclama Johannes Joergensen le plus grand poète catholique vivant et dans son œuvre il a répandu les vertus traditionnelles de la France que nous aimons.

Ce jugement de l'écrivain catholique danois Joergensen avait été repris auparavant par E. Henrion dans un article sur les *Cinq grandes Odes* publié dans la revue catholique milanaise *Vita e Pensiero*[6] à laquelle L. Gennari collaborait. Cette lecture « catholique » de Claudel va susciter une polémique que nous évoquerons rapidement car la comparaison que l'on peut

---

1. Selon Claudel, *Journal*, *op. cit.*, p. 320-329.
2. Si on en croit F. Casnati, « Paul Claudel in Italia », *art. cit.*
3. Lucien Gennari, « Paul Claudel », *Rassegna nazionale*, Roma, 1915.
4. Lettre de G. Botta à « Monsieur Lucien Gennari, via Rovello, 1, Milano », retrouvée par Marisa Brecciaroli et citée dans sa thèse dactylographiée, *I simbolisti francesi e la Voce : Claudel et Jahier*, Milano, 1967, vol. I, p. 17.
5. Luciano Gennari, *Poesia di fede e pensieri di vittoria — Note di letteratura francese nuovissima*, Milano, Studio Editoriale Lombardo, 1917.
6. E. Henrion, « Paul Claudel poeta religioso », *Vita e Pensiero*, Milano, 31 octobre 1916.

esquisser entre ce débat et celui des *vociani* nous paraît riche d'enseignements.

L'utilisation idéologique opérée par la presse française et italienne d'un certain nombre d'auteurs — tels que Barrès, Péguy, Psichari ou Claudel — pour exalter les valeurs traditionnelles de la France en guerre, suscite une réaction violente de la part du grand philosophe italien Benedetto Croce qui, selon la formule de Romain Rolland, avait su, dans *la Critica*, garder « l'esprit du vrai homme de science »[1]. Croce attaque en particulier Maurice Barrès dont il écrit qu'il aurait dû renouveler sa vie intérieure (et ne pas se contenter d'un « nationalisme sensuel ») pour avoir le droit de parler pendant la guerre : « Et s'il avait au moins senti la nécessité d'un tel renouvellement, il se serait recueilli et se serait tu. Mais il voulut parler, et son discours, pour excellentes qu'aient été ses intentions, sonna faux »[2]. Benedetto Croce connaissait évidemment Claudel depuis longtemps puisqu'il avait publié en 1912 les articles de Botta[3]. De plus, Georges Sorel lui avait signalé la parution de *l'Otage*, « une œuvre très remarquable ; l'auteur est d'une *sincérité absolue*, — c'est une qualité rare pour le temps actuel : il est consul à Prague ; son catholicisme véhément l'aurait fait révoquer s'il n'était protégé par la famille Berthelot »[4]. Mais *Partage de Midi* avait suscité les plus sérieuses réserves de la part de G. Sorel, étonné de l'enthousiasme de *la Voce*. « Il me semble que ce livre est une des œuvres les plus regrettables de Claudel » conclut-il dans une première lettre à Croce[5] et un mois plus tard, à la fin de cette année 1912, il demande : « Quelle impression ce drame bizarre a-t-il produit en Italie ? »[6]. On trouve dans les lettres que Sorel adressa à Croce en 1917 plusieurs points de vue repris dans l'article que ce dernier publie en 1918 sur Claudel[7]. Sorel écrivait le 24 janvier 1917 : « Claudel a-t-il vraiment une grande situation en Italie ? Le *Partage de Midi*, que *la Voce* a publié, n'est pas de nature (à mon avis) à le rendre sympathique ; il y a là un mélange de lubricité et de dévotion qui est voisin

---

1. R. Rolland, *Journal des années de guerre, 1914-1919*, Albin Michel, 1952, p. 574. Cette opinion date de 1915 mais, malgré quelques vicissitudes, R. Rolland gardera toute son estime pour Croce puisqu'en 1919 il sera le premier intellectuel italien à qui il demandera de signer sa « Déclaration de l'Indépendance de l'Esprit » qui paraîtra dans *l'Humanité* le 26 juin 1919 (voir les lettres inédites de R. Rolland à B. Croce des 3 avril et 18 avril 1919, Fonds Romain Rolland).

2. B. Croce, « Scrittori di prima della guerra : M. Barrès », *La Critica*, Bari, 20 janvier 1918.

3. Voir plus haut, p. 12.

4. Lettre du 27 juillet 1911 publiée dans *la Critica*, 20 novembre 1928. Dans une lettre du 19 février 1911, Sorel avait signalé à Croce les *Odes*, sans commentaires, et *l'Otage* « un drame de Paul Claudel, qui n'est pas composé pour la scène et qui est très curieux. Daniel Halévy, qui est un excellent juge des valeurs littéraires, le trouve très beau » (*Id.*).

5. Lettre du 5 octobre 1912, *Id.*

6. Lettre du 24 novembre 1912, *Id.*

7. B. Croce, « Scrittori di prima della guerra : Claudel », *La Critica*, 20 mai 1918.

de l'aliénation mentale »[1]. B. Croce, après avoir insisté sur « l'odeur de bête, de fauve et de sexe » qui se dégage des drames claudéliens, rejoint la position de Sorel :

> Le théâtre de Claudel, avec toutes ses prétentions de profondeur philosophique et de poésie sublime, est un délire de névropathe [...]. Tous ses *Tête d'or*, *Jeune fille Violaine*, *la Ville*, *Partage de Midi*, *l'Otage*, avec leurs créatures de vocation et de sacrifice héroïco-stupides, et avec les créatures amoureuses, héroïco-délictueuses : toutes maniaques, chantées par un maniaque.

Croce accuse ainsi Claudel d'être un faux chrétien, un écrivain qui juxtapose une imagerie religieuse inauthentique (« la transformation parodique est chez lui spontanée dans les choses de la religion, qui ne sont pas sérieuses pour lui ») à une peinture d'un ton sincère de ce qui, à tort selon Croce, lui importe : l'amour charnel, la sensualité. D'où cette surprenante accusation de voltérianisme : « ceci est voltérianisme bel et bon, d'une âme qui ressent comme puériles et ridicules les idées et les figures catholiques et les pratiques du culte ». L'analyse de Croce suscitera, non sans raisons on le voit, l'indignation de Claudel[2].

Cependant la réaction de Croce n'est pas un phénomène aberrant et isolé. Cette condamnation est reprise avec plus de nuances par Emilio Cecchi qui, lors de la publication de *L'ours et la lune*, reproche à Claudel d'hésiter entre le ton d'un dieu « doctrinaire et tonnant » et celui, familier et chaleureux, qui apparait lorsqu'il met en scène le personnage de Dieu[3], On peut certes discuter ces jugements hâtifs, mais il ne faut pas perdre de vue les circonstances qui les ont provoqués. Cecchi, avec une grande lucidité, met directement en cause les critiques fanatiques de Claudel : « combien de bonnes créatures qui, ayant trouvé un poète [...] ont coutume de s'y attacher comme le lierre ou les sangsues, et défendent leur bien avec une vigueur dans le ressentiment qui étonne chez des êtres par nature dépourvus d'instincts belliqueux ». Dans un discours qui s'enferme délibérément dans une utilisation idéologique du texte claudélien, les divagations fulmi-nantes et ridicules de Benedetto Croce ne paraissent pas déplacées. Elles poussent à un point extrême les conséquences des lectures partisanes auxquelles une certaine critique catholique s'est complue pendant la guerre.

---

1. Lettre publiée in *la Critica*, 20 novembre 1929.
2. Voir une lettre inédite à F. Casnati, Copenhague le 29 novembre 1920 : « L'article de Benedetto Croce dont vous me donnez un résumé est étonnant. Voilà un monsieur qui fait profession de critique, c'est-à-dire d'intelligence des textes ! On croirait un praticien qui prend une grossesse pour une hydropisie ».
3. E. Cecchi, « *L'ours et la lune* de Claudel », *La Tribuna*, Roma, 16 septembre 1919.

CHAPITRE VII

L'IMPASSE : LA POLÉMIQUE CASNATI-BARGELLINI

La lecture italienne de Claudel ne sortira pas de l'impasse ainsi créée. Peu de temps après l'attaque de Croce, un livre d'un jeune admirateur de Claudel, Francesco Casnati, aurait pu modifier profondément la situation[1]. Cependant Casnati ne rompt avec la critique spiritualiste de Gennari qu'en apparence. Son analyse des drames de Claudel suit le texte de plus près que les synthèses hâtives de Gennari, mais la perspective est bien la même. Casnati nous dit bien que ce livre fut conçu « aussitôt après les polémiques ' vociane ', lentement élaboré dans l'étude de toute l'œuvre de Claudel, puis abandonné et imprimé seulement en 1919 pour ainsi dire en réponse à la critique de Croce »[2]. Seulement Casnati n'a pas vu l'intérêt de la lecture des *vociani*. Il n'est, pour s'en persuader, que de se reporter à l'article qu'il consacre peu après la publication de son livre à la fortune de Claudel en Italie[3]. Casnati y minimise l'importance de l'enthousiasme des florentins pour Claudel. La façon dont il mentionne leur lecture est pour le moins surprenante chez un critique qui se veut bon connaisseur de l'œuvre de Claudel. Il commence par affirmer que « Claudel était exalté plus pour son style, étincelant d'images, que pour la théorie de la ' connaissance ' et son bergsonisme catholique ». Piero Jahier a traduit justement *l'Art poétique*[4] et il n'est pas susceptible d'être soupçonné de ne s'être intéressé

---

1. Francesco Casnati, *Paul Claudel e i suoi drammi*, Como, Omarini, 1919.
2. « Avvertenza » à la deuxième édition, *I drammi cristiani di Claudel*, Milano, so. ed. « Vita e Pensiero », 1933.
3. F. Casnati, « Paul Claudel in Italia », *art. cit.*
4. Trad. cit., voir plus haut, p. 46. Sur le « bergsonisme » de Claudel, voir la lettre 3, note 8 et la lettre 4, note 5. Dans son livre de 1919, Casnati signale que « Pour *Partage de Midi* je me suis servi de la belle traduction italienne qu'en a fait Piero Jahier » (*op. cit.*, p. 1 et p. 153). Mais il ne cite pas la traduction de *l'Art Poétique*.

qu'au « style » de Claudel, mais Casnati n'a cure de ces évidences ! Il poursuit en prétendant que le Claudel que les *vociani* ont fait connaître « était un Claudel qui avait alors de nombreuses affinités avec les impérialistes florentins et n'avait pas encore engagé son chant dans les voies mystiques qui devaient le conduire plus tard à *l'Annonce* ». Une telle lecture spiritualiste ne désarme évidemment pas Benedetto Croce qui, en rendant compte du livre de Casnati, écrit : « En France il y a qui l'a [Claudel] appelé [...] un ' gorille catholique ' ; et, mis à part la trop forte couleur de l'image, il ne me semble pas qu'il ait mal dit »[1]. L'expression citée provient d'une lettre de Georges Sorel du 15 août 1917 : « Beaucoup de personnes suspectent la sincérité religieuse de Claudel ; il est certain que le *Partage de Midi* correspond plutôt aux sentiments d'un gorille dévot qu'à ceux d'un François d'Assise »[2].

Cette difficulté à admettre la part de la sensualité dans la poétique claudélienne va dominer la critique italienne durant l'entre deux guerres. En 1924 déjà un critique mineur, Bruno Brunelli, montre que la poésie ivre de sensations est chez Claudel l'opposé d'une poésie catholique[3]. Mais il est à première vue, surprenant de voir que le thème de Croce qui pouvait, en 1918, être taxé d'anticatholicisme systématique[4], repris à l'occasion de la publication de la traduction de *l'Annonce faite à Marie*[5] par un certain nombre de catholiques florentins groupés autour de Piero Bargellini dans la revue *Il Frontespizio*. Bargellini revient sur l'expression de Croce en intitulant son article « Il Gorilla cattolico »[6]. L'essentiel de son argumentation tient dans une réaction moralisante dont les remarques suivantes suffiront à donner la mesure :

> La sensualité de Claudel n'est pas grave à cause d'une certaine pesanteur des images charnelles [...]. La sensualité de Claudel devient grave au contraire et très gênante dans les images plus fines et spirituelles, par exemple dans cette nénie que Violaine se chante *pour elle-même* en allant au sacrifice ' Douce, douce Violaine '.

---

1. B. Croce, Recensione a F. Casnati, *Paul Claudel e i suoi drammi*, op. cit., *La Critica*, janvier 1920.

2. Lettre publiée dans *La Critica*, 20 novembre 1929. L'origine de cette expression avait été signalée par Piero Bargellini, « Il Gorilla cattolico », *Il Frontespizio*, Firenze, février 1932.

3. B. Brunelli, « L'elemento religioso nel teatro di Paul Claudel », *Bilychnis*, Roma, 1924.

4. C'est ce que fait Cesco Vian, « Claudel e Proust visti da Casnati », *Vita e Pensiero*, Milano, février 1934.

5. P. Claudel, *L'Annunzia a Maria*, trad. di F. Casnati, Milano, ed. « Vita e Pensiero », 1931.

6. *Art. cit.*

Chez Bargellini, cette condamnation sommaire s'adresse à toute une tendance de la littérature contemporaine française : « [...] la littérature de ces mystiques sensuels qui portent les noms fameux de Bloy, Claudel, Jammes, et aussi de Psichari, de Péguy, de Mauriac et de Bernanos »[1]. Derrière le moraliste, c'est l'écrivain fascisant, hostile à une image de la France frivole et sensuelle que l'on devine. Ce n'est pas ici le lieu de nous attarder sur cette polémique mais il convient de bien marquer qu'elle ne nous fait pas sortir du cercle de la critique spiritualiste catholique, l'essayiste le plus notable qui s'opposera à Bargellini en cette occasion n'étant autre que Francesco Casnati[2]. Elle constitue l'aboutissement de la tendance critique amorcée par Papini en 1913. En substituant à la lecture ouverte du texte de l'œuvre, une réduction idéologique de celui-ci, la critique enthousiaste de Claudel s'est elle-même enfermée dans le mythe d'abord dressé par des hommes hostiles à l'idéologie religieuse illustrée par l'écrivain. Rien d'étonnant à ce que l'on assiste ensuite dans le camp catholique à des affrontements autour de Claudel qui ne sont que l'expression de profondes divergences idéologiques internes, le spiritualisme du *Frontespizio* étant plus étroitement moraliste que celui de Casnati et de ses amis de *Vita e Pensiero* qui ne laissait pourtant pas de l'être aussi[3].

On comprend que, dans ses conditions, pour réagir contre le mythe Claudel et les deux voies contraignantes (le délire ou la négation absolue), Carlo Bo ait dût, en 1936 marquer avec force la nécessité d'une lecture « totale » de Claudel : en finir avec la facilité d'un choix parmi *les textes* claudéliens, selon nos idéologies particulières. Et pour cela, écrit Carlo Bo, « il faut se convaincre que l'on n'est pas devant une série de *textes* à interpréter, à exécuter selon nos intentions dans le jeu irrépressible de nos habitudes intellectuelles mais bien devant un seul *texte* qui ne demande qu'une reconnaissance de notre part, une coïncidence intime »[4]. Malgré la valeur de cette orientation critique qui permet, en partie, de mettre entre parenthèses les choix idéologiques de Carlo Bo, il semble bien que la critique claudélienne n'ait pas retrouvé la fécondité de la lecture des jeunes écrivains de *la Voce* et soit restée, en Italie, dans les limites d'un pâle spiritualisme : entre *Vita e Pensiero*, revue de l'Université catholique du Sacré-Cœur de Milan et *l'Osservatore romano*.

---

1. Bargellini, réponse à Roberto Weiss, « L'uomo di Neanderthal », *Il Frontespizio*, mai 1933, Weiss avait tenté très timidement, en restant soumis à Bargellini, de défendre Claudel à l'occasion d'une représentation de *l'Annonce* à Florence par la Compagnie Gualtiero Tumiati.
2. F. Casnati, « Per un articolo su Claudel », *Vita e Pensiero*, avril 1932.
3. Claudel cependant semble satisfait par les articles de Casnati et surtout par l'existence de cette polémique. Il écrit le 22 juillet 1933 à Casnati (lettre inédite) : « Cela me fait plaisir d'apprendre que je suis discuté en Italie. En France la camarilla académique et universitaire qui me hait et qui détient toutes les revues et tous les grands journaux s'est arrangée pour faire le silence autour de moi, comme jadis autour de Baudelaire ».
4. Carlo Bo, « Meditazione su Claudel », *Letteratura*, Firenze, janvier 1937.

Emilio Cecchi rend Claudel lui-même reponsable de cet état de choses en estimant qu'avant 1914, « Le théâtre claudélien eut [...] une force de suggestion qui, on ne peut le nier, fut minée par le temps. Soutenu par une fastueuse et inépuisable force verbale, il apparaissait comme le plus grand monument issu de la culture symboliste »[1]. En réalité, tout s'est joué sur un autre plan : tant que le texte de Claudel fut perçu comme un texte d'avant-garde, il fut l'objet de discussions contradictoires mais toujours en rapport avec la matérialité du texte. Cette situation correspond aux lectures du groupe de *la Voce* et à la traduction de *Partage de Midi*. Dès que Claudel fut classé comme l'un des chefs de file de la « nouvelle école catholique », cette liberté de discussion fit place à un débat, de plus en plus indifférent au texte, entre partisans et détracteurs de l'écrivain catholique français. L'idéologie occupe alors toute la scène, le texte devient littéralement inaudible. En Italie, Claudel n'est pas sorti de cette impasse.

---

1. E. Cecchi, « Morte di Claudel », *Il Corriere della Sera*, Milano, 1955.

DEUXIÈME PARTIE

PIERO JAHIER ET LA TRADUCTION DE *PARTAGE DE MIDI*

CHAPITRE I

LA PUBLICATION DE PARTAGE DE MIDI

Partage de Midi occupe une place centrale dans l'intérêt que les Italiens — dès avant 1914 — portent à la production de Paul Claudel. La traduction que Piero Jahier publie en 1912 est une pièce maîtresse du débat que nous illustrons ici. Mais on ne peut comprendre l'intérêt de ces réactions italiennes devant le drame claudélien si on oublie que celui-ci restait alors en France un texte très confidentiel. Il est donc indispensable de donner ici un rapide bilan de la difficile question de la publication du texte original de *Partage de Midi*, question d'ordinaire occultée par les commentateurs.

La production de ce texte est située, par l'historiographie claudélienne, à la suite de Claudel lui-même, dans une nébuleuse de drames et de scrupules de conscience qui jette volontiers un voile religieux sur ce qui reste de trop humain dans cette peinture d'un amour adultère. Ainsi, on s'attarde à faire toute la lumière sur le fait que le jeune poète avait consulté, en 1905, Dom Michel Caillava avant d'écrire sur ses récentes épreuves d'homme[1]. Et on n'aurait garde d'oublier de souligner qu'il rédigea ce drame sans songer à le publier : « ...j'en ferai imprimer seulement un petit nombre d'exemplaires que je donnerai à mes amis »[2]. Ainsi s'expliquent les caractères de l'édition originale, nominative et limitée à 150 exemplaires[3].

On retrouve, admirable constance, ce débat de conscience dans les raisons avancées par Claudel à la fin de sa vie pour expliquer que *Partage de Midi* n'ait été diffusé auprès d'un large public qu'en 1948 : « Parce que ça touchait à des questions très intimes dont les acteurs étaient encore vivants, et

---

1. Note d'André Blanchet in Paul Claudel — Francis Jammes — Gabriel Frizeau, *Correspondance 1897-1938, op. cit.*, p. 389.
2. Lettre de Claudel à Frizeau, 15 novembre 1905, *op. cit.*, p. 69.
3. Cf. lettre n⁰ 1, note 1.

c'était quelque chose d'encore très personnel, et une souffrance qui n'était pas encore complètement apaisée. Et de plus, j'avais consulté un ecclésiastique qui m'avait dissuadé de le publier. Alors, je me suis rangé à son avis, je dois dire sans regret. Alors là, les mêmes raisons subsistèrent très longtemps », si on en croit ses déclarations de 1954 à Jean Amrouche[1].

Cependant si on cherche les motifs qui empêchèrent Claudel de publier et de laisser jouer *Partage de Midi*, la réalité se révèle extrêmement complexe. *A posteriori*, le vieux Claudel a voulu voir dans l'édition confidentielle le moyen de répondre à deux exigences contradictoires. Celle, pour l'auteur, de voir son texte imprimé et celle, non moins impérative, de le laisser dans le mystère. « Le cas de *Partage de Midi* au fond est un peu analogue à celui de mes premiers drames, de *Tête d'Or* et de *la Ville*, qui ont été publiés sans nom d'auteur, à la fois publiés et pas publiés, à la fois la publicité et le mystère : deux besoins probablement qui sont contradictoires et simultanés »[2]. Ce renvoi à une nécessité du mystère, besoin original et forcément incompréhensible du poète, occulte habilement les véritables raisons de ces tirages limités.

Camille Mauclair écrit à Claudel à propos de *Tête d'Or* : « Votre livre étant pour ainsi dire inconnu, de par votre volonté »[3]. Jacques Petit essaie de préciser les raisons de cette volonté du poète en s'appuyant sur un souvenir de Mauclair selon lequel « Claudel avec cette littérature bizarre craignait d'être mal noté dans la Carrière » (*Servitude et Grandeur littéraires*, p. 75). Une lettre de Marcel Schwob à Paul Claudel (fin 1981-début 1892), citée par Petit, vient appuyer le témoignage de Mauclair : « Je comprends très bien ce que tu me recommandes ; l'idée ne me serait même pas venue de parler à d'Apchier d'un livre pareil »[4]. Jacques Petit n'avait pu identifier d'Apchier, or en l'absence de tout autre document de la main de Claudel, cette identification restait notre seule voie pour éclairer ce problème. Grâce à Henri Hoppenot, nous savons maintenant que Frédéric Auguste comte d'Apchier le Maugin, né le 1er Août 1865, fut, de 1889 à 1895, attaché au ministère des Affaires Étrangères, à la Direction des Consulats dont dépendait directement Claudel[5].

Sans aucun doute, la nécessité de ne pas s'attirer des ennuis au Ministère est la cause directe de sa discrétion. Toutefois cette attitude doit être replacée dans l'atmosphère sociale et historique de *Tête d'Or* précisément : qu'importait à Claudel le succès auprès d'un public qu'il méprisait pour ses idées ! Etre lu par quelques amis lui suffisait. C'est le sens qu'il faut donner à

---

1. *Mémoires improvisés*, Gallimard, 1954, p. 174.
2. *Id.*, p. 174.
3. Lettre publiée par Jacques Petit, « Autour de la publication de *Tête d'Or* », *Tête d'Or et les débuts littéraires*, Gallimard, *Cahiers Paul Claudel*, I, 1959, p. 152.
4. Publiée in *ibid.*, p. 154-56.
5. *Cahiers Paul Claudel*, II, Gallimard, 1960, p. 270.

l'affirmation : « J'espère n'éprouver aucun désir de gloire littéraire », que l'on trouve dans une lettre à Mockel[1]. Souci de sa carrière, mépris du public lettré de la fin du siècle : ces données ne peuvent à elles seules résoudre le problème analogue que posent la publication et surtout la représentation de *Partage de Midi*, une vingtaine d'années plus tard. Si en 1906, le jugement sévère du je une Claudel sur les milieux littéraires français restait vraisemblable il n'en sera plus de même après, *grosso modo* 1910, et nous savons que le début de la gloire littéraire de Claudel est lié à la montée des idées nationalistes et catholiques qui caractérisa les années de l'immédiat avant-guerre.

Dans le cas de *Partage de Midi*, les scrupules devant les effets de l'œuvre sur les lecteurs et spectateurs ont certainement joué un rôle important. « Lugné-Poe m'offre toujours de jouer *Partage de Midi*, mais je suis arrêté par maintes raisons, dont ma conscience », écrit-il à Gide[2]. Scrupule tout à fait vraisemblable dont on retrouve les traces dans la correspondance de l'époque, dans cette lettre adressée à Frizeau par exemple : « Certainement vous pouvez donner *Partage de Midi*, si vous ne redoutez pas le scandale dont la crainte a été la raison de ce tirage restreint. C'est un livre qui ne peut guère être bien compris que par un homme fait »[3]. On pourra en lire d'autres exemples dans les lettres à Jahier que nous publions : devant cet interlocuteur, encore jeune, P. Claudel ne manqua pas de se poser ce problème de façon très précise[4]. Cependant nous ne sommes pas en présence de la raison fondamentale qui s'opposa à une diffusion normale de cette œuvre et il n'y a pas lieu d'accuser à ce propos le Claudel de 1948 d'inconséquence sur un sujet essentiel. Carlo Bo avait tort de se demander à l'époque : « pourquoi Claudel s'est-il décidé à publier *Partage de Midi* ? Et si les raisons du premier refus étaient vitales, pourquoi le temps a-t-il suffi à les vaincre ? Et encore, le lecteur de 1948 n'a-t-il pas les mêmes droits à la protection spirituelle que le lecteur de 1908 »[5]. Carlo Bo n'a-t-il donc pas cherché à connaître les raisons qui pouvaient justifier Claudel d'accorder une protection spirituelle, contre les dangers de son œuvre, aux jeunes français et de ne pas l'accorder aux jeunes allemands, aux jeunes tchèques et aux jeunes italiens ? Cette remarque aurait pu lui éviter d'imaginer un Claudel vieilli abandonnant les scrupules de sa jeune conscience : la traduction allemande paraît en 1908, la tchèque en 1910 et l'italienne en 1912. Paul Claudel avait, dès 1907, accepté que Franz Blei, traducteur sans génie d'André Gide, traduisît *Partage de Midi* et le fît représenter : « Un

---

1. *Cahiers Paul Claudel, I, op. cit.*, p. 140-42 ; p. 154.
2. Prague, le 17 Février 1910, Paul Claudel — André Gide, *Correspondance 1899-1926, op. cit.*, p. 121.
3. Lettre du 3 Février 1907, *op. cit.*, p. 99.
4. Voir notamment la lettre du 18 Février 1912.
5. Carlo Bo, « La risoluzione di Claudel », 12 septembre 1948, in *Della Lettura e altri saggi,* Firenze, Vallecchi, 1953, p. 410-13.

M. Franz Blei a traduit *Partage de Midi* qui va être joué cet hiver en allemand à Berlin. C'est vraiment drôle ! »[1]. Les scrupules de conscience ne
s'accommodent pas d'un ton aussi désinvolte! La facilité avec laquelle Claudel
accepta que son œuvre soit diffusée pourvu que ce fût à l'étranger et dans
une langue étrangère nous conduit à reconsidérer le problème de la publication de *Partage de Midi* en France.

Une première solution consisterait à insister sur les raisons, identiques
à celles de 1890, provenant de sa situation de diplomate. Paul Claudel les a
admirablement définies dans une lettre à André Gide pour justifier son
refus de laisser le Théâtre d'Art, dirigé par Alphonse Séché, monter une de
ses pièces. Il avança trois arguments : 1º) son éloignement (il est à Tientsin) ;
2º) le fait que ses pièces n'ont pas été écrites pour le théâtre, et il ajoute : « La
seule pièce qui pourrait *peut-être* être actuellement jouée serait *Partage
de Midi* » ; 3º) « Enfin, raison qui domine toutes les autres, je ne suis nullement sûr que cette représentation plairait au Ministère où je suis déjà mal
vu en raison de mes opinions religieuses et où Berthelot est mon seul appui.
Je ne puis ainsi compromettre ma position pour un peu de gloriole. Com-
prenez mon existence disloquée. Consul, poète et dévot, c'est trop à la fois.
Me voici père de famille par-dessus le marché »[2]. Et, deux jours plus tard,
il déclara plus nettement encore dans une lettre adressée à Marie Kalff :

> Et voilà cependant que je suis obligé de repousser cette main
> que vous me tendez. Ne doutez pas que pour le faire je n'aie eu des
> raisons très graves et à vrai dire irrésistibles. La principale résulte
> de ma qualité de fonctionnaire qui m'a obligé jusqu'ici à l'anonymat
> et à des tirages restreints et ne me permet pas le scandale d'un art
> indépendant. Répudiant avec horreur la plupart des idées de mes
> contemporains, je suis trop heureux de pouvoir vivre en me cachant[3].

Cette hypothèse est confirmée par le fait que cette réticence devant toute
publicité se soit manifestée au sujet d'œuvres qui ne posaient pas de cas
de conscience. Il faut replacer cette réaction de juste prudence dans l'atmosphère de la Troisième République combiste. Ainsi à propos de *l'Otage*,
Claudel écrivit à Gide : « Quand vous aurez lu le manuscrit, vous me donne-
rez votre avis sur la publication. N'oubliez pas que je suis déjà suspect
au Ministère et que je dois uniquement le maintien de ma position à l'appui
énergique et généreux de Berthelot ». Et il lui demanda, ce qui fut réalisé

---

1. P. Claudel à André Suarès, Tientsin, 18 septembre 1907, André Suarès — Paul
Claudel, *Correspondance 1904-1938*, Gallimard, 1951, p. 112.
2. Claudel à Gide, Tientsin, le 18 février 1909, *op. cit.*, p. 98-99. C'est P. Claudel qui
souligne.
3. Tien-Tsin, 20 février 1909, lettre publiée dans *La Table Ronde*, avril 1955, p. 66-73.

en 1911 dans *la Nouvelle Revue Française,* de ne pas imprimer son nom : « Ne pourrait-on publier l'œuvre sans mon nom avec les simples initiales P. C. qui ne laisseraient aucun doute sur ma personnalité et me permettraient d'éviter les ennuis qu'on pourrait me faire au nom du règlement (défense d'imprimer sans autorisation) ? »[1].

Il serait aisé de montrer que durant les années 1912-13 ces motifs perdent leur caractère impératif, grâce aux changements de la sensibilité et de la politique françaises vis-à-vis de la religion catholique et grâce aussi à la définitive consolidation de la situation de Claudel au Quai d'Orsay. Le tournant est marqué par le succès remporté le 12 décembre 1912 par la création de *l'Annonce faite à Marie.* Cependant le problème posé par *Partage de Midi* n'est pas aussi simplement résolu. Paul Claudel n'autorisera ni la réédition ni la représentation de ce drame alors que le premier ensemble de raisons s'opposant à la diffusion de ses œuvres cesse de peser sur ses décisions. L'alternative devant laquelle nous sommes placés devient, en bonne logique, la suivante : ou bien nous devons admettre les raisons « de conscience » avec les graves difficultés que nous avons énumérées plus haut, ou bien nous devons chercher une autre explication.

Lorsque en 1912, Marie Kalff insista pour obtenir l'autorisation de représenter *Partage de Midi,* Paul Claudel lui écrivit une fort étrange lettre qui nous permet d'esquisser une solution :

> Ma position à l'égard de *Partage de Midi* est la suivante. Quand il fut question pour la première fois entre Lugné-Poe et moi, il y a deux ans, de la représentation de ce drame, je n'y avais d'abord vu aucun inconvénient ; puis un scrupule me vint et j'eus l'idée de consulter Mgr Baudrillart aujourd'hui recteur à l'Université catholique, ayant fait jadis de lui le confident de la triste histoire dont le *Partage* est la transpostion scénique. Il me déconseilla formellement toute représentation. Je n'ai qu'à m'incliner, quoiqu'il m'en coûte[2].

« Je n'y avais d'abord vu aucun inconvénient » : aussi paradoxal que cela paraisse lorsqu'on se souvient que Claudel avait été jusqu'à demander l'autorisation à un ecclésiastique d'écrire son drame, cette affirmation est exacte et attestée par une lettre à Lugué-Poe[3]. Paul Claudel avait d'ailleurs accepté, nous l'avons dit, le principe de représentations en allemand

---

1. Prague, 17 juin 1910, *op. cit.,* p. 140.
2. Francfort-sur-Main, 23 juillet 1912, publiée in *La Table Ronde,* art. cit.
3. Prague, 26-1-X, publiée in *Claudel homme de théâtre — Correspondance avec Lugné-Pœ — 1910-1928,* Gallimard, *Cahiers Paul Claudel,* V, 1964, p. 78.

65

à Berlin dès 1907 tandis qu'il réservera, en 1912, ses droits pour toute représentation italienne[1].

Mais cette lettre est par ailleurs très explicite : la raison qui dicta sa décision provient de la genèse de *Partage de Midi*. Il obéit à un souci de délicatesse humaine vis-à-vis des protagonistes de la « triste histoire dont le *Partage* est la transposition scénique ». Ce souci d'éviter un scandale privé est très compatible avec la crainte de l'opinion du Ministère, mais il inspirait l'attitude de Claudel avant même que le texte de *Partage de Midi* ait été écrit et bien après les succès littéraires remportés par ses autres pièces. Il est cependant évident qu'il eût été fort maladroit de laisser entendre que tel était le fond du problème : ç'aurait été s'exposer à éveiller une curiosité contre laquelle Claudel voulait protéger les acteurs du drame qu'il avait personnellement vécu. Mgr Baudrillart et la référence aux troubles que *Partage de Midi* ne manquerait pas de provoquer chez les jeunes gens permettaient d'empêcher tous bavardages inutiles et blessants. D'où l'insistance avec laquelle Claudel s'abrite derrière le conseil de Mgr Baudrillart et les références à sa conscience. Quelque mystère subsiste malgré tout et nous ne prétendons pas le dissiper entièrement, mais notre hypothèse présente l'avantage d'éclairer les raisons de la publication de 1948. Cette publication avait, nous l'avons dit, inspiré au grand critique catholique italien Carlo Bo d'ambitieuses réflexions : « La publication de *Partage de Midi* restera, nous en sommes certain, le point le plus dramatique de la vie de Claudel », écrivait-il. Et il proposait les deux idées suivantes pour expliquer cette décision : « C'est le poète qui se veut près de la mort et il peut alors jeter sur la table toutes les cartes de sa vie, c'est une manière de congé, de salut ou encore c'est un retour à l'humain, c'est une nouvelle flambée d'amour (le poète qui, depuis les rivages de l'éternel, contemple en un éclair nos passions ?) »[2]. Tous ces effets de pensée comme de style apparaissent bien inutiles ! En 1948 Ysé et Mme Paul Claudel pouvaient assister avec une parfaite sérénité à l'évocation du chant profond d'avant l'autre guerre. Et d'autre part, cette musique de l'amour interdit, si elle est particulièrement violente dans *Partage de Midi*, n'est pas absente du *Soulier de Satin* pour ne citer qu'un seul exemple. Il ne nous est pas possible de nous étendre ici sur ce sujet, mais il nous paraît incontestable que cette vive peinture de la passion s'intègre parfaitement dans la poétique chrétienne de Claudel, et loin de faire problème en garantit au contraire la portée.

Nous avons vu, dans la première partie de cette étude, la place centrale que tient la révélation au public italien du texte de *Partage de Midi* dans les discussions du groupe de *la Voce*. Rien de semblable ici aux réactions

---

1. Voir la lettre à Jahier du 26 Avril 1912.
2. Carlo Bo, *op. cit.*

d'un groupe d'amis ou de lettrés dans la confidence d'une production d'avant-garde. C'est l'écriture volontairement secrète de Claudel discutée par la plus importante revue italienne de l'avant-guerre. Il nous reste, pour compléter la présentation de ce dossier, à éclairer la figure du principal artisan de cette découverte italienne : le poète Piero Jahier.

CHAPITRE II

PIERO JAHIER ÉCRIVAIN

Présenter cette figure d'écrivain au public français n'est pas une tâche aisée. La traduction de son livre majeur, *Ragazzo*, parue au moment où l'Italie se libérait du fascisme, est restée sans échos en France[1]. Piero Jahier témoigne pourtant d'un moment capital de la vie culturelle italienne : par lui, nous accédons à une problématique essentielle pour cette culture et de portée universelle. Son itinéraire tient en deux phrases: Jahier a accédé à l'écriture par la revue florentine de Giuseppe Prezzolini, *la Voce*, aux côtés de Papini, de Boine, de Slataper. La fascisme l'a conduit au silence volontairement assumé : nous aurons à revenir sur ce fait essentiel.

D'une famille vaudoise, de Pramol près de Val Chisone, il est fils de pasteur : né à Gênes en 1884, il passe son enfance à Florence. Son père ramène un moment la famille dans les Alpes, à Susa, pour se punir d'un adultère. Il se suicidera alors que Jahier est encore enfant et ce drame familial marquera très profondément ce dernier. Après deux années d'études de théologie à la Faculté vaudoise de Florence, Piero Jahier renonce à devenir pasteur : « J'eus la certitude de ne pas avoir une vocation suffisante. Le Calvinisme m'aurait, comme mon père, poussé à des extrémités. Ma rebellion fut plus dans les idées que dans les actes », confiera-t-il à son ami Romeo Forni[2]. Dès 1905, à 21 ans, il entre comme employé aux Chemins

---

1. P. Jahier, *Adolescent*, traduction de A. et B. Mastrangelo, Éditions des Portes de France, 1946.

2. Romeo Forni, *L'Uomo dai capelli di lana bianca (Con Piero Jahier)*, Milano, Todariana editrice, 1973, p. 22. Ces souvenirs d'un collègue des Chemins de Fer, poète et romancier, constituent la meilleure approche de l'homme que nous ayons. Deux ouvrages critiques ont paru sur notre auteur : Antonio Testa, *Piero Jahier*, Milano, U. Mursia, 1970 et surtout Aurelio Benevento, *Studi su Piero Jahier*, Firenze, Le Monnier, 1972 qui présente un bilan très sûr des problèmes posés par l'œuvre et ses lectures.

de Fer à Florence et c'est en travaillant qu'il parvient à obtenir une Licence en Droit et une autre en Littérature française.

La Voce va lui donner la possibilité de publier ses premiers essais littéraires. Cette activité de revue est pour lui essentielle. Il entre dans l'équipe qui, sur des positions philosophiques et politiques mal assurées, œuvre cependant de façon puissante pour un renouveau de la vie culturelle et publique en Italie. Dès ses débuts, c'est dans un débat fixant l'orientation polémique de *la Voce*, « contre les formes de vie étroites, lettrés dépassés, revues ennuyeuses et conformistes », qu'il intervient dans une écriture collective élaborée par Soffici, Papini et Prezzolini, signant Gino Bianchi cinq « Lettere della Beozia »[1].

Le jeune Jahier entre de plain-pied dans la problématique de *la Voce* pour le renouveau italien en s'attachant à des problèmes concrets. Rendant compte d'un livre sur la réforme des Chemins de Fer, il donne à ses compatriotes des mots d'ordre très précis : « Il y a des problèmes nationaux qui veulent les épaules d'une génération [...]. Faire quelque chose dans le milieu où il est donné de vivre, ne pas accepter une vie passive, voilà la règle d'or »[2]. Jahier développera une critique de la bureaucratie qui est fondamentale pour son œuvre et qui reste d'une évidente actualité. Plusieurs articles de *la Voce*, sur « I mantenuti dello stato » sur les « Freni burocatici » [3] et bien d'autres préparent son premier livre, *Resultanze in merito alla vita e al carattere di Gino Bianchi*, qui parait en février 1915[4]. Livre polémique qui, dans un style recherché, dénonce la fadeur du monde des employés de bureau. Sans doute le personnage vivant qui s'oppose à Gino Bianchi est-ce Jahier lui-même, gérant de la librairie de *la Voce* du 14 décembre 1911 à la fin de 1913. A la veille d'assumer cette fonction, il y voyait un peu à la manière d'un Péguy, « un apostolat civil, un apostolat religieux des valeurs spirituelles dans cette époque de lassitude, de désagrégation, de mercantilisme »[5]. Cette sorte d'anti-roman, selon l'expression de Carlo Bo[6], reste une œuvre vivante, dans sa diversité, par le lien qui s'y opère entre une autre exigence de rigueur morale et « ce sentiment

---

1. Voir l'étude de cette production ainsi que la reproduction des « Lettere della Beozia » in Benevento, *op. cit.*, p. 85-110.
2. Compte-rendu de G. Baglioni, *Per la riforma ferroviaria*, Éd. della *Critica sociale*, 1910, in *la Voce*, 26 janvier 1911.
3. *La Voce*, 9 février 1911 et 19 octobre 1911.
4. Firenze, « Quaderni della Voce », 1915, repris in Piero Jahier, *Opere*, 2, Firenze, Vallecchi, 1966. Voir sur ce problème l'excellent article de Umberto Carpi, « Premesse vociane per una lettura del *Gino Bianchi* », *La Rassegna della letteratura italiana*, Firenze, octobre-décembre 1965.
5. P. Jahier, « Le cose nostre », *La Voce*, 2 novembre 1911.
6. Carlo Bo, « Piero Jahier », in E. Cecchi e Natalino Sapegno, *Storia della letteratura italiana*, t. 9, *Il Novecento*, Milano, Garzanti, 1969.

d'une humanité simple et libre, qui est la source de toute la poésie de Jahier »[1].

Un livre inspiré par la guerre, *Con me e con gli alpini*[2], élargit la perspective ainsi tracée, réduisant la part autobiographique des *Resultanze*. Il s'efforce ici, à la suite de son expérience de guerre, d'aller au plus près de ce peuple de soldats. Il voudrait « savoir tous les dialectes d'Italie et pas seulement le dialecte toscan des lettrés », saisir l'unité de ce peuple qui a « un pied sur les glaces des Alpes et un sur les laves des volcans »[3]. Ce texte, qui cherche à définir avec un minimum d'emphase les valeurs pour lesquelles les Italiens se battent, est éclairé par le regard que Jahier parvient à porter sur les humbles et par son exigence d'égalité ici réalisée devant la mort. La condamnation de la civilisation industrielle contenue dans ce livre prend aujourd'hui une dimension très actuelle parce qu'elle n'est pas rhétorique anti-moderne, banale chez un Maritain voire chez un Péguy, mais méditation sur une connaissance intime du petit peuple d'un pays de paysans et d'artisans. Là se trouve le Jahier le plus durable, celui qui bouleverse de façon efficace le discours d'une littérature qui est encore très largement aristocratique.

Cela dit, il faut sans amoindrir l'importance de ces ouvrages, insister sur le domaine plus intime de cet écrivain, lire ses *Poesie*[4] et surtout le texte intitulé *Ragazzo* et traduit en français sous le titre *Adolescent*[5]. Jahier lui-même accordait une particulière importance à ce livre puisque, dans la présentation qu'il en donne à la fin de sa vie, pour l'édition de ses *Œuvres*, il écrit, à propos de l'un des chapitres, « La famiglia povera », qu'il constitue le premier écrit de création de l'Auteur »[6]. Ce livre est largement autobiographique et on a souvent dit qu'il était l'un des chefs d'œuvre de ce type de littérature chère aux florentins de *la Voce*, à côté en particulier de *Un Uomo finito* de Papini. L'apport original de Jahier est ici d'éviter toute complaisance du sujet : le récit se veut « de création », exemplaire, dans sa réalisation artistique comme dans son efficacité idéologique : par l'exercice de l'écriture, Jahier nous introduit à un monde de valeurs qui est étranger à l'univers bourgeois. Le chapitre sur « La morte del Padre », qui ouvre le livre est à cet égard très important[7]. Cette exigence de justice qui pousse

---

1. A. Benevento, *Op. cit.*, p. 67.

2. Firenze, Libreria della Voce, 1919 et 1920, repris in Piero Jahier, *Opere*, 3, Firenze, Vallecchi, 1967.

3. P. Jahier, *Opere*, 3, *op. cit.*, p. 160.

4. P. Jahier, *Poesie*, *Opere*, 1, Firenze, Vallecchi, 1964.

5. P. Jahier, *Ragazzo*, Roma, « Quaderni della Voce », 1919, repris in Piero Jahier, *Opere*, 3, *op. cit.* « La famiglia povera » paraît dans *Riviera ligure*, Oneglia, février 1912. La traduction de *Ragazzo* est cité p. 69, n. 1.

6. « ...il primo scritto creativo... », « Nota dell' Autore », in P. Jahier, *Opere*, 3, *op. cit.*, p. 269.

7. P. Jahier, *Opere*, 1, *op. cit.*, p. 44-46.

le père au suicide pour expier sa faute appartient à une morale étrangère au christianisme... Nous sommes renvoyés vers les origines alpines de Jahier, vers un peuple de pasteurs qui pourrait bien ne pas être aussi mythique qu'il paraît de prime abord.

Cette exigence se marque de façon plus évidente encore dans les choix d'écriture : c'est dans ces pages, prose mêlée de vers, que Jahier parvient à faire l'unité entre description du monde et expression du sujet. Cette haute réussite se retrouve dans les meilleures de ses poésies, dans ce « Canto della sposa »[1], qui dresse une figure très complexe de femme, compagne de l'homme dans une vie âpre et pauvre jusqu'à la misère et pourtant créature d'une extrême sensibilité. Ce mouvement qui introduit dans la réalité la plus humble la vie complexe du psychisme d'une femme déconstruit tout un pan de l'idéologie bourgeoise de la féminité. Il nous garantit l'usage qui est fait de la perception dans le quotidien des valeurs du « peuple ».

Cette brève présentation débouche, on le voit, sur la caractère « national-populaire » de la production de Jahier. Nous suivons en cela l'opinion de Gramsci. Cependant celui-ci critique très sévèrement l'amalgame où nous avons cru voir — dans le chapitre sur la mort du père dans *Raggazzo* par exemple — une réussite. Pour Gramsci, dans ces pages on se détourne de l'authenticité populaire à cause du « style biblique et claudélien de l'écrivain, qui souvent le rend moins efficace et indispose, car il recouvre un snobisme en rhétorique »[2]. Nous ne pouvons discuter ici de ce problème capital. Mais Gramsci met certainement le doigt sur une faiblesse de l'œuvre de Jahier. On peut l'appréhender autrement qu'à travers cette appréciation un peu hâtive d'un jeu de style certainement plus complexe que ne le veut Gramsci.

Le fait capital pour apprécier l'impact de l'œuvre de Jahier dans la culture italienne du demi-siècle est sans aucun doute le silence dans lequel il s'enferme durant la période fasciste. Jahier accuse très explicitement le régime de Mussolini de l'avoir empêché d'écrire. Il est, selon lui, forcé de rester avec prudence dans son modeste emploi aux Chemins de Fer pour être en mesure d'offrir à ses enfants non pas le luxe mais « ces études régulières que la misère m'avait refusées ». Il choisit d'être « un homme ordinaire », renonçant à son « plan illusoire de libre traversée de la vie comme écrivain »[3]. Face à cette affirmation résolue, on peut trouver bien légère l'opinion de Carlo Bo selon laquelle « il ne faut pas expliquer le silence de Jahier par la dictature : s'il avait eu à dire autre chose, Jahier l'aurait fait. Il ne l'aurait pas publié mais il l'aurait consigné pour le temps du retour »[4]. On peut objecter à cela que Jahier était surveillé de très près

---

1. P. Jahier, *Opere*, 3, *op. cit.*, p. 7-30.
2. A. Gramsci, *Letteratura e Vita nazionale*, Torino, Einaudi, 1950, p. 16.
3. P. Jahier, « Un uomo comune », préface à *Opere*, 1, *op. cit.*, p. 8.
4. C. Bo, *op. cit.*, p. 332.

par la police de Mussolini et qu'il ne lui était pas facile de travailler sur des manuscrits secrets en étant toujours exposé à une perquisition imprévue.

Cette situation a certainement eu son importance mais les raisons de son silence nous paraissent se trouver ailleurs. C'est la culture même de *la Voce* qui est ici en question, son impuissance à atteindre à une efficacité révolutionnaire : « tout reste dans la sphère des petites protestations individuelles, génériques et peu concluantes, des propositions qui ne s'organisaient pas en un véritable ensemble d'idées », note avec justesse R. M. Jodi à propos de la revue de Prezzolini[1]. Cette morale, cet individualisme, cette écriture autobiographique, même s'ils s'adressent à toute une génération, ne constituent pas une force capable de s'opposer à l'idéologie du fascisme. Jahier a pu trouver en lui des forces pour résister, dans sa vie privée, aux sollicitations des fascistes. Il a pu accepter une vie médiocre pour ne pas collaborer[2]. Mais cette position de retrait laisse entier le problème de l'écriture. La conception que Jahier avait de son activité d'écrivain, plus implicite que théorisée, rend la poursuite de celle-ci impossible dans la situation de lutte créée par le fascisme. L'écriture de Jahier au temps de *la Voce* appartient à un moment de polémique réformiste. C'est une écriture qui suppose la liberté de s'exprimer, la possibilité d'atteindre un public « national-populaire » (ou, plus exactement, « national-petit-bourgeois »), d'entrer dans un semblant de dialogue : *la Voce* est une revue hebdomadaire. Écriture fondée par conséquent sur l'illusion que l'article de journal ou le livre peuvent transformer une situation politique ou un problème d'existence privée. Tout se passe comme s'il suffisait de relater une expérience, d'en tirer les leçons dans un discours entre l'autobiographie et l'essai théorique. L'idée même que ces relations ne sont qu'un moment d'une recherche, de l'élaboration d'analyses d'ensemble, de théorie, ne semble pas effleurer un instant Jahier.

L'écriture est alors dans la situation d'un objet clos, trouvant sa nécessité et sa fonction dans son existence d'objet. D'où la nécessité de l'échange, de la communication immédiate avec un public. Ce commerce, conversation et troc, la censure fasciste le rend impossible. Du coup, Jahier cesse d'écrire. C'est donc que l'écriture, pour lui, n'était que cela : fétichisme d'un discours, *exempla* livrés à un public de lecteurs (qui, idéologiquement, est confondu avec le « peuple » italien). Bref, l'écriture n'était qu'un acte illusoire. La situer ainsi n'est certes pas réduire l'importance qu'historiquement elle conserve : les livres de Jahier décrivent, en les transformant/déformant des aspects importants de la culture nationale-populaire italienne. Ils sont un miroir trouble de cette culture ensevelie, mais déjà ils opèrent une découverte,

---

1. Rodolfo-Macchioni Jodi, « Sanità di Jahier », *Il Ponte*, Firenze, octobre 1957, p. 1527.
2. Voir les affirmations de Jahier rapportées par R. Forni, *op. cit., passim.*

ils sont initiateurs d'un travail qui est aujourd'hui en train de bouleverser la culture italienne.

Cette mise au jour d'une culture nationale-populaire devenait impraticable sous la dictature de Mussolini : elle aurait été immédiatement captée par l'idéologie fasciste. La grandeur de Jahier est d'avoir empêché ce détournement. Son silence signifie cela aussi : sa fidélité à une exigence fondamentale. La limite de son entreprise, c'est qu'il n'éprouve pas l'écriture comme lieu d'élaboration d'armes théoriques contre la dictature de Mussolini. Son écriture est moins recherche, analyse des problèmes posés par cette culture nationale-populaire qu'il découvre que simple témoignage de son existence. Pendant que Jahier était ainsi muré pour vingt ans dans le silence (il n'en sortira guère ensuite que pour une activité de traducteur), Antonio Gramsci élaborait, dans les prisons de Mussolini et dans l'agonie de son corps, des armes que nous utilisons encore.

CHAPITRE III

TRADUCTION ET ÉCRITURE

Nous nous sommes bornés, dans la première partie de cette étude, à présenter un ensemble de documents relatifs aux rapports de Claudel avec l'Italie. Il est bien évident que de nombreuses questions restent posées. Celle des influences exercées par Claudel a occupé les critiques depuis fort longtemps[1]. Personne cependant n'a repris les recherches de « plagiats » ou d'influences textuelles précises entreprises au début du siècle par Gustavo Botta sur les emprunts que Gabriele d'Annunzio a pu faire aux textes de Claudel[2]. Dans un article de 1920, Francesco Casnati rappelle comment d'Annunzio a pu puiser en grand seigneur dans les « trésors stylistiques et rhétoriques claudéliens » et il signale, après G. Balsano Crivelli, une influence de Claudel sur le *Libro di Mara* de Ada Negri[3]. Mais Casnati, surtout sensible à la signification religieuse de l'œuvre, estime l'influence de Claudel en Italie, à cette date, extérieure (entendons « au niveau du style ») et superficielle. Jugement, on le voit, très largement déterminé par les options littéraires du critique qui l'exprime.

Influence de Claudel sur Jahier ? La question peut être envisagée en prenant la précaution de définir de façon très précise ce que l'on entend par influence littéraire. Pour un critique tel que Casnati toutefois la question ne se pose même pas car il semble bien qu'à ses yeux Jahier ne soit que l'obscur adaptateur de *Partage de Midi* dont la seconde édition vient de paraître avec une couverture illustrée par un nu d'ailleurs de mauvais goût[4].

---

1. Voir, par exemple, quelques brèves indications par lesquelles Marcella Gorra (*op. cit.*, p. 188) introduit un parallèle entre Claudel et Domenico Giuliotti, parallèle, est-il besoin de le dire, des plus discutables.
2. Voir plus haut, p. 10-15.
3. F. Casnati, « Paul Claudel in Italia », *art. cit.*
4. Casnati, *art. cit.*, : « Justement ces jours-ci *la Voce* a réimprimé le *Partage* avec le

En 1920 cependant Pietro Pancrazi, qui publie un article important sur Jahier, estime que Claudel n'a pas eu d'influence notable sur l'écrivain italien :

> [...] on ne peut pas dire que le rapprochement avec Claudel (dû vaguement à une sorte d'attention et d'intérêt religieux) ait eu une véritable influence sur l'art de Jahier. L'écrivain catholique français était trop sensuel, abondant, heureux et, en même temps trop obsédé par le péché pour avoir une influence réelle sur Jahier, difficile, aigre, laborieux, toujours préoccupé par une morale qui ne connaît pas la douceur, et je dirai, le luxe tout catholique, du péché[1].

Et il insiste sur la probable influence de Péguy. Ici le problème de l'influence est posé en termes traditionnels et la conclusion du critique italien est résolument négative mais bien entendu, elle n'est pas formulée après une étude précise. Il s'agit de l'impression d'un critique bien informé, sans plus. Ce sera aussi le cas pour les auteurs suivants. Le problème semble ignoré par les critiques italiens qui se sont occupés de Claudel : Benedetto Croce, Piero Bargellini ou Marcella Gorra. Il faudra attendre 1938 pour trouver, sous la plume de Carlo Bo, une opinion en partie semblable à celle de Pancrazi. Carlo Bo estime que Jahier n'a pas imité Péguy[2] et que malgré sa fréquentation de l'œuvre de Claudel on ne peut établir aucun véritable rapport entre les deux œuvres. En réalité, Jahier est imperméable à toute influence, il reste toujours « intact en lui-même »[3].

Nous avons rappelé dans le chapitre précédent l'opinion de Gramsci sur le style « claudélien » de Jahier. D'autres critiques, de moindre renom, estiment qu'une influence de Claudel sur Jahier est indéniable. Ainsi Arrigo Chiara mêle Claudel et Péguy comme sources probables de la phrase de Jahier : « Un tel rapprochement (avec Claudel) ne plut même pas à Pancrazi, mais dans *Ragazzo*, dans *Con me e con gli Alpini*, certaines périodes quasi asyntaxiques, avec un mouvement plein de frémissements et de ruptures, quelquefois psalmodiques, sont très proches au moins de Péguy »[4]. Le rapport établi reste très vague comme beaucoup plus tard, celui de Giacinto Spagnoletti dans son *Antologia della poesia italiana* : celui-ci se borne

---

titre de *Crisi meridiana* ; mais il faut déplorer que, sur la couverture le grand poète catholique ait été traduit comme un moderne et vulgaire débiteur d'aphrodisiaques ». Voir sur Casnati, plus haut, p. 55-57.

1. Pietro Pancrazi, « Piero Jahier », in *Ragguagli di Parnasso*, Firenze, Vallecchi, 1920.
2. « Ils disent — ou du moins ses proches y ont pensé — qu'il se rapportait à Péguy ; pour ma part je ne trouve aucun intérêt au rapport », « Le doti di Jahier », *Il Frontespizio*, Firenze, mai 1938, repris in *Otto studi*, Firenze, Vallecchi, 1939.
3. *Id.*
4. A. Chiara, « Opinioni su Jahier », *Campo di Marte*, Firenze, 1er décembre 1939.

à insister sur les diverses nuances religieuses que l'on peut trouver dans les œuvres de Claudel et de son disciple et ami Jahier, même valorisation religieuse de la poésie, même conception de la transcendance...[1] Un seul critique, à notre connaissance, a donné récemment une appréciation négative de cette influence : G.-A. Peritore qui écrit :

> Jahier trouva dans l'équivoque prolongée (il revint sur *Partage de Midi* en 1920 en donnant la traduction avec le nouveau titre de *Crisi Meridiana*) d'un langage entre l'archaïsme et l'actuel, l'ingénuité et le dramatique, gonflé de bulles, une constante recherche d'aphorismes et de sentences : ce qu'il fallait pour l'éloigner d'une véritable participation au goût moderne[2].

Jugement pour le moins hâtif, à peine étayé par quelques remarques stylistiques.

Ce rapide rappel des principales positions sur ce problème d'une possible influence de Claudel sur son traducteur montre deux choses. Pour les critiques cités, pour Pancrazi comme pour Carlo Bo, la notion d'influence est acceptée mais non définie. C'est en réalité une notion très vague, élastique à souhait, qui permet aussi bien de noter des rapprochements plus ou moins fortuits entre les conceptions de leur vocation littéraire que deux poètes peuvent avoir que des points de comparaison stylistiques. En second lieu, le moins qu'on puisse dire est que l'on n'a guère progressé dans cette étude particulière depuis 1920 : on en reste réduit, quarante ans après l'un des premiers « jugements » au même impressionnisme hâtif. En réalité, il convient aujourd'hui de poser ce problème en termes différents, soumettant le concept d'influence à une rigoureuse critique. Ne soyons pas surpris que, dans le cas précis qui nous occupe, nous puissions être mis sur la voie d'une étude sérieuse de cette question par un critique florentin du temps de *la Voce*, Renato Serra.

Dans une page de son célèbre essai sur la situation des lettres italiennes dans l'Italie en ce début de siècle, *Le Lettere*, Renato Serra examine l'œuvre de Piero Jahier. Il estime que le meilleur de sa production réside dans quelques réussites fragmentaires caractérisées par un sens « d'intimité, passion et tristesse humaine » et, en même temps par « un besoin intense de réaliser les sensations dans leur pleine joie et les mouvements de l'âme dans leur musique altière. » Une œuvre modeste, chétive et cachée qui contraste avec l'abondance d'un Papini. La rencontre de Claudel s'insère, selon Serra, sur le côté le plus contestable de Jahier :

1. G. Spagnoletti, *Antologia della poesia italiana, 1900-1949*, Parma, U. Guanda, 1950.
2. G.-A. Peritore, « Piero Jahier », *Belfagor*, Firenze, septembre 1962.

> On dirait que cet esclavage de mots et du détail qui l'a toujours lié, uni à une sincère et cependant accommodante et paresseuse préoccupation moralistico-religieuse [...] l'a entraîné à falsifier Claudel qu'il a traduit et pour ainsi dire introduit en Italie, avec une emphase aussi inconsciente qu'étroite, dans laquelle sa personnalité s'est brisée[1].

Renato Serra est un critique trop intelligent pour parler ici d'une influence de Claudel. La lecture de Claudel est le lieu où s'opère un infléchissement de la production de Jahier qui trahit sans doute Claudel mais qui doit aussi être rattaché à une constante de Jahier écrivain et penseur. Entendons bien ce qu'il veut dire : tout se joue au niveau de l'écriture. Tandis que le premier Jahier parvient à lier un sens personnel « d'intimité et passion de tristesse humaine » au « besoin intense de réaliser les sensations dans leur pleine joie et les mouvements de l'âme dans leur musique altière », le Jahier qui traduit Claudel s'éloigne de cette recherche qui n'appartenait qu'à lui. Comme chez « les ligures », comme chez Boine, nous dit R. Serra, « le sérieux et l'inquiétude morale devient mépris et complexité apparente de la forme artistique, dispensée de toute convention, portée à l'extrême de la personnalité ; et, au fond, c'est paresse, rhétorique et imitation [...][2] ». En somme, les intentions idéologiques sont, pour qui se soucie d'abord de la réussite artistique, un prétexte à l'abandon d'une création ouverte et personnelle. La « trahison » du traducteur s'inscrit alors logiquement dans ce processus. Le poète qui s'éloigne de sa recherche propre la plus originale est le plus mal placé pour inventer une forme homologue à celle de l'œuvre qu'il traduit. Son engagement idéologique ne parvenant pas à s'exprimer dans sa production littéraire, mais gauchissant l'acquis dans ce domaine, c'est un engagement littéraire inauthentique (Serra a bien soin de préciser que la sincérité de l'homme n'est pas en cause). Cet engagement inauthentique jouera comme un miroir déformant la réalité littéraire de l'œuvre à traduire. R. Serra nous propose dans ces quelques lignes une hypothèse de recherche remarquable pour situer Claudel dans l'aventure littéraire de Jahier, celle de son écriture. A partir de cette hypothèse, il serait passionnant de procéder à une analyse de l'ensemble de la production de Jahier, les différentes versions du *Partage de Midi* étant d'abord examinées comme des éléments de ce *corpus*.

Nous ne pouvons nous livrer ici à cette enquête. Du moins, nous publions la documentation sur laquelle il conviendrait de s'appuyer pour mener

---

1. *Le Lettere, op. cit.*, p. 339-340.
2. *Op. cit.*, p. 340. Cette analyse qui s'applique à Boine est citée dans une parenthèse, omise dans notre précédente citation, que Serra éprouve le besoin d'introduire dans son jugement sur Jahier pour expliciter le mécanisme dans lequel la production de celui-ci se trouve prise.

à bien ce travail. Un ensemble de lettres d'abord qui permet de préciser l'environnement idéologique du travail de traduction : les renseignements fournis par cette approche externe pourront être confrontés avec les résultats d'une analyse des textes. Enfin, nous publions un dossier indiquant, à propos du *Cantique de Mesa*, les problèmes philologiques posés par les différentes versions de la traduction de Piero Jahier. L'étude souhaitée ici ne peut faire l'économie de l'analyse de ce *corpus*. C'est à partir de celle-ci que l'on pourra procéder à un examen d'ensemble de l'écriture de Jahier. La traduction de *Partage de Midi* semble avoir eu une importance par rapport à la production de Piero Jahier qui constitue un cas d'espèce assez rare. C'est cet équilibre particulier qui permet de s'interroger, à partir d'un exemple précis, sur le problème théorique des rapports entre traduction et écriture. Ajoutons que le moment historique à l'intérieur duquel ce problème se pose donne à celui-ci toute sa portée. La traduction de Jahier, les recherches d'écriture au sein desquelles elle prend place, se situent en effet en plein dans la déconstruction du discours italien de la culture aristo-cratique post-risorgimentale et contribuent à l'élaboration d'une pratique d'écriture correspondant à l'accès de nouvelles couches sociales de l'Italie à une culture unitaire[1].

---

1. Sur l'analyse linguistique de cette transformation, voir l'ouvrage fondamental de Tullio De Mauro, *Storia linguistica dell'Italia unita*, Bari, Laterza, 1963.

TROISIÈME PARTIE

LETTRES ET NOTES

NOTE SUR L'ÉTABLISSEMENT DU TEXTE

Toutes les lettres publiées ici le sont d'après les manuscrits conservés par les héritiers de Piero Jahier et par la Société Paul Claudel.

Un certain nombre des lettres que je présente ici ont fait l'objet d'une publication dans un article de Piero Jahier, « Ricordo di Claudel — Con lettere inedite », *Il Ponte*, Firenze, marzo 1955, article reproduit sans changements dans le volume de Piero Jahier, *Con Claudel* (1913-1955), a cura di Vanni Scheiwiller, *con un allegato* : *Ballata dell'uomo più libero* Milano, « All'Insegna del Pesce d'Oro » [Vanni Scheiwiller], 1964. Jahier publie une copie de sa lettre du 2 décembre 1912 (n° 29 de notre édition), le texte complet des lettres de Claudel du 15 avril 1912 (n° 7) et du 27 novembre 1915 (n° 27) ainsi que des extraits des lettres de Claudel du 23 janvier 1912 (n° 1), du 18 février 1912 (n° 4), du 4 mai 1912 (n° 10), du 10 septembre 1912 (n° 15), du 2 janvier 1913 (n° 17), du 30 janvier 1915 (n° 24), du 3 décembre 1915 (n° 30) et du 7 janvier 1916 (n° 32). P. Jahier publie enfin le télégramme de Claudel du 24 mai 1915 (n° 25). Le texte donné par cette édition est très souvent entaché d'erreurs dues à une mauvaise lecture de l'écriture de Claudel par la personne qui a été chargée de la transcription.

Enfin quelques lettres ont été publiées, d'après cette édition, par Piero Jahier, « Lettres à Piero Jahier », *La Nouvelle Nouvelle Revue Française*, septembre 1955, p. 626-635. Cette publication comporte la traduction du texte de présentation de Jahier, les lettres ou fragments de lettres de Claudel du 18 février 1912 (n° 4). du 27 novembre 1915 (n° 27) et du 3 décembre 1915 (n° 30) ainsi que le brouillon que Jahier avait conservé de sa lettre du 2 décembre 1915 (n° 29).

1

Francfort s/Mein, le 23-1-1912

Consulat Général de France
Francfort-sur-M. et Darmstadt[a]

Monsieur,

Je réponds à votre lettre du 18. Je ne vois aucun inconvénient à ce que vous vous fassiez prêter « Partage de Midi »[1]. Cet ouvrage se rapporte, en effet, à une triste crise passionnelle dont je suis heureusement sorti[2].

Les articles de M. Jacques Rivière dans l'Occident vont être réimprimés dans ses « Etudes » qui vont paraître incessamment à la Nouvelle Revue Française, si ce n'est déjà fait[3].

Je vous suis très reconnaissant de votre intention de faire connaître mon œuvre au public italien[4]. Je suis disposé à répondre aux demandes précises d'éclaircissements que vous pourriez me faire.

Ma vie est simple et n'offre pas beaucoup d'intérêt. Je suis Lorrain, à demi Champenois, né tout près du pays de Racine et de La Fontaine — enfance errante avec mon père fonctionnaire dans l'Est de la France — puis 8 ans de Paris, conversion à 20 ans — puis 2 ans d'États-Unis — 15 ans de Chine — 2 ans à Prague — à Francfort depuis 3 mois[5]. Mon livre « Cinq Grandes Odes etc » (à l'Occident) est celui où je parle le plus de moi-même[5].

Le fait central qui commande et domine toute mon œuvre, est que je suis un poète *catholique*, ayant toujours pratiqué, sauf quelques années de ténèbres. Catholique, dans le double sens religieux et *universel*. Au moment où je me convertis et connus[b] la vérité avec une netteté qui ne laissait place à aucune espèce de doute, je vis le monde comme partagé entre deux plans ou directions, non pas contradictoires, mais perpendiculaires, le plan de l'amour qui est la religion du Christ et le plan de la joie qui est l'Art. C'est l'accord entre ces deux directions qui est l'objet de mes ardentes recherches et la matière de ma poésie. Je ne veux pas comme Pascal me cacher dans

---

a. Papier à en-tête. Claudel orthographie *Mein* pour *Main*.
b. *Barré* : j'aperçus

un trou noir, mais accepter le monde tout entier et en faire l'hommage au Créateur, le *credo* complet des choses visibles et invisibles, l'octave entière de la création. Si l'art moderne est si vain, c'est pour deux raisons : la première est qu'il n'a pas de *sens* ayant cessé d'avoir un autre but que lui-même, il est réduit à une espèce de danse et de parade sur place ; la seconde est qu'il est incomplet, négligeant la partie la plus importante de l'univers, celle qui explique l'autre, et que la foi nous révèle : c'est pourquoi la grande poésie composée et architecturale des anciens temps s'est pulvérisée en une quantité de menues impressions et interjections. La poésie, pour abriter l'humanité a besoin d'autre chose que de fantaisie, il lui faut la vérité et ces grandes[a] bases dont parle Eschyle, que seule la Révélation fournit[5].

Quant à moi ma fierté est de me ranger, entre les artistes de mon pays, parmi ces derniers tenants de l'Ordre éternel dont parle si bien Chesterton dans son admirable[b] livre « Le nommé Jeudi » dont la traduction vient de paraître à la N.R.F.[5]. Croyez, Monsieur, à mes sentiments les plus sincèrement dévoués.

P. Claudel

---

a. *Barré* : lumières
b. *Ajouté* : admirable

Claudel répond par retour du courier à une lettre de Piero Jahier qui n'a pu être retrouvée. Il semble vivement intéressé par le fait que Jahier soit disposé à travailler activement à la diffusion de son œuvre en Italie.

1. Sur la façon dont les *vociani* ont eu connaissance de *Partage de Midi*, voir notre première partie, p. 30 note 6. Jahier doit se faire prêter un exemplaire de *Partage de Midi* car la seule édition française, jusqu'en 1928, était celle éditée par Albert Chapon dans la Bibliothèque de *l'Occident* qu'il dirigeait tandis qu'il était secrétaire de rédaction de la revue *l'Occident* fondée par Adrien Mithouard. Le texte de la pièce fut rédigé en 1905 et publié en 1906, grand in 8°, de 152 pages, sous couverture rouge brique, édition hors commerce de cent cinquante exemplaires numérotés à la main et nominatifs. L'exemplaire n° 104, « Donné à M. Georges Dumesnil », le philosophe de Grenoble, fut communiqué à Piero Jahier chez qui nous avons pu le consulter. Sous la mention imprimée : « Interdiction absolue de reproduire », on peut lire la note manuscrite, de la main de Jahier : « e da Dumesnil fatto portare a me da Claudel con l'autorizzazzione di pubblicare. Piero Jahier. » Volonté de maintenir l'œuvre dans les limites d'une édition confidentielle de la part de Claudel. Fierté et joie du jeune Jahier, autorisé par le poète à traduire et à diffuser en Italie cette œuvre quasiment inédite en France. Piero Jahier a-t-il eu à ce moment-là l'impression exaltante de jouer le rôle de premier divulgateur d'un chef-d'œuvre auprès d'un public étendu ? Il nous a précisé, lors d'une entrevue, le 6 décembre 1962, qu'il connaissait alors l'existence de la traduction allemande de Franz Bleï (Munich, 1908) et tchèque de Milos Marten (Prague, 1910) : voir Vaclav Cerny, « Claudel et la Bohême », in « Prague », *Cahiers Paul Claudel, IX*, Gallimard, 1971, p. 42), et dans son article, « Claudellismo e Lemmonismo », *la Voce*, 17 octobre 1912, il écrit : « (Le *Partage* était déjà traduit en allemand) ». Cependant dans *la Voce* du 30 mai 1912, on peut lire cette annonce : « A paraître : Paul Claudel — *Partage de Midi* — (Trad. Jahier) — 2 lires — On peut considérer cette traduction comme la première édition de ce chef-d'œuvre, l'édition française ayant été limitée à 100 exemplaires seulement numérotés et réservés. Le grand poète a voulu la confier à *la Voce* qui l'a présentée en Italie ». Voir lettre n° 13.

2. Paul Claudel pense vraisemblablement que l'œuvre — en dehors de sa valeur artistique — peut servir la cause de la morale catholique en offrant un exemple de crise surmontée.

3. Il s'agit de l'étude de Jacques Rivière, « Paul Claudel poète chrétien », parue dans *l'Occident*, octobre-novembre 1907, reproduite dans le volume *Études* paru en 1911 aux éditions de *la Nouvelle Revue Française*, dont *la Voce*, 15 février 1912, rend compte dans sa rubrique « Libreria della Voce — Libri nuovi », en ces termes : « (Deux seulement méritent le titre d'essais : celui sur Claudel et celui sur Gide ; le premier excellent, le second moins bon) ».

4. A cette date, l'œuvre de Claudel commence d'être connue en France comme à l'étranger, notamment dans les pays anglo-saxon. Nous avons dit dans notre première partie à quel point en était la connaissance en Italie.

5. Paul Claudel est né, le 6 août 1868, à Villeneuve-sur-Fère, en Tardenois, arrondissement de Château-Thierry. Chacun sait que La Fontaine est né à Château-Thierry et que la Ferté-Milon fait partie de cet arrondissement. Les origines de la famille Claudel sont lorraines et picardes. « Du côté paternel, La Bresse (Vosges) ; du côté maternel, Goudelancourt, près Notre-Dame de Liège, ancienne province de Picardie » (St. Fumet, *Claudel*, Gallimard, « La Bibliothèque Idéale », 1958, p. 17).
Paul Claudel vit en effet à la Fère en Tardenois, à Bar-le Duc, à Nogent-sur-Marne et à Wassy-sur-Blaise jusqu'en 1882, date de sa venue à Paris, à l'âge de quatorze ans. Il est aux États-Unis en 1893-94, puis en Chine jusqu'en 1907. Il est nommé à Prague le 7 septembre 1907 et à Francfort s/Main le 22 septembre 1911.

6. *Cinq Grandes Odes suivies d'un processionnal pour saluer le siècle nouveau*, Bibliothèque de l'Occident, février 1910, in 4°, cf. lettre n° 2, note 1.

7. Sans vouloir commenter cette profession de foi — ce qui déborderait le cadre de ces notes — remarquons que Claudel ne parle pas à Jahier de ses quatre années de luttes intérieures. Il donne une date approximative pour sa conversion : vingt ans.
Nous savons en effet qu'il a connu une période de combats après que « cette chose magnifique me fut arrivée à dix-huit ans, que mes yeux furent ouvert à la vérité révélée ». Dix-huit ans : 1886, et en effet Claudel parle de « 1889, année qui précède celle où intervint ma conversion définitive ». Le calcul s'accorde avec cette autre précision bien connue : « Et cependant il me fallut encore quatre ans avant de me résoudre à plier tout entier à ce joug que je portais déjà par le cœur. J'avais à dégager toute l'ordre dont j'avais l'intelligence et le cœur remplis, et la parole absolue dont j'entendais l'accent me causait autant d'épouvante que d'amour. » (Lettre de Paul Claudel à Byvanck, Boston, le 30 juillet 1894, reproduite in *Le rire de P. Cl. Cahier Paul Claudel II* —, Gallimard, 1960, pp. 270-273). Ici, s'adressant à un inconnu, il insiste sur le caractère de révélation qu'a pris son retour à la foi catholique. L'hésitation « j'aperçus — je connus » pourrait bien être caractéristique de ce gauchissement de la réalité auquel Claudel se livre volontairement. Claudel se pose ainsi devant un inconnu, non seulement avec franchise, mais d'un mouvement qui le définit admirablement. Pour le catholique qu'il est, en insistant ainsi sur la révélation dont il a été l'objet, il loue Dieu. Un esprit malveillant pourrait insinuer que Claudel sert son orgueil sur le terrain même de la foi.

8. Paul Claudel avait traduit dans *la Nouvelle Revue Française* août 1910, un chapitre d'*Orthodoxy* (1908) de Chesterton, sous le titre « Les paradoxes du Christianisme ». *Le nommé Jeudi — Un Cauchemar*, trad. Florence, éd. Marcel Rivière, 1911, fut signalé dans la rubrique « Libreria della Voce » du n° du 4 avril 1912 et recensé par Piero Jahier dans le « Bolletino bibliografico » n° 4-5 (Supplément de *la Voce*, 9 mai 1912) qui l'associait au livre de Georges Valois, *L'homme qui vient — Philosophie de l'Autorité*, 2ᵉ éd. Nouvelle Librairie Nationale, 1909. Voici les principaux passages de la recension de Jahier : « Les livres de l'ordre. Cette énorme aspiration contemporaine vers l'ordre, l'autorité, la hiérarchie. Folle aspiration qui réagit en confondant les contraires, comme il convient à qui doit se soumettre. Si bien que l'athée Maurras peut prétendre être d'accord avec l'Évangile du Christ, Évangile des Violents (de ceux qui le transgressent) d'anarchie pour la vérité (je ne suis pas venu porter la paix mais la guerre) tout autant que ceux qui se soumettent à l'Encyclique ' Pascendi '. Notons cette parenthèse :

« (découverte de l'impressionisme, c'est-à-dire d'une des innombrables formes de ce scepticisme radical et définitif qui ne reconnaît pas d'épine dorsale, de structure à l'univers) ».

2

nuit du 3-2-1912

Cher maître, je viens de lire votre « Partage de Midi ».

Votre lettre et cette lecture m'ont plongé dans une véritable angoisse. Des yeux s'ouvrent en moi qui étaient depuis longtemps fermés. Certes j'oserai vous poser des questions précises sur votre œuvre et sur votre âme même puisque vous y consentez.

Mais permettez-moi de me recueillir quelque[a] temps.

Et que ma voix jaillisse de la méditation, comme une réponse profonde.

Votre dévoué Piero Jahier.

J'ignore si vos « Odes » (dont j'ai lu quelque chose sur l'« Amitié de France ») ont été publiées[1].

Je suis pauvre et ne pourrais jamais acheter le volume.

Voulez-vous me permettre de demander à votre nom, à M. Dumesnil de me le prêter pour quelques jours ?[2]

P. J.

J'ai pu me procurer les articles de Mr Rivière[3].

---

a. *Sic.*

Réponse à la lettre précédente de Paul Claudel. Une des rares lettres de Piero Jahier conservées par le poète.

1. *L'Amitié de France*, Paris, dont Georges Dumesnil était directeur, avait publié, dans son numéro de février-avril 1911, un article de Francis Jammes, « Les Odes de Paul Claudel » (p. 41) dont voici le texte :
« A genoux devant une petite croix formée de deux roseaux, Paul Claudel traduit sur la montagne le vent de l'abîme, le feu du ciel, l'eau du torrent. D'aucuns s'écrient : ' Qu'est-ce qu'il fabrique là-haut ? ' Prenez garde qu'il ne vous influence et que sa forte ' voix ne fasse basculer une roche qui roule et vous écrase ! '
Mes petits enfants, ne craignez point. Cette roche où se tient le poète ne peut céder, car elle est l'Église catholique ; ni le torrent vous noyer ; ni le feu vous brûler ; ni le souffle vous renverser. Mais, si vous craignez de gravir jusqu'au sommet, approchez-vous du moins de la base de la montagne. Notre frère Paul Claudel ménage des canaux qui amènent l'eau dans le val pour que vous la buviez tranquillement, et avec le feu et le vent il allume de petits tas de branches pour que vos doigts se réchauffent et se joignent dans la plaine. C'est notre ami Dumesnil qui rendra compte de ces pages, car si je suis aussi poète que lui, il est plus savant que moi qui ai simplement foi en Notre Seigneur et dans ses témoins, à notre époque où l'on préfère de donner sa confiance à des députés. »

Dans ce même numéro paraissaient la « Cinquième Ode » et « le Processionnal » ainsi présentés par Georges Dumesnil (pp. 54-78) : « *Note.* — Dans notre tome II, 1908, p. 179, en note, on peut lire : « M. Paul Claudel nous annonce qu'il travaille à un grand ouvrage lyrique qui ne sera tiré qu'à un très petit nombre d'exemplaires et dont il nous laissera maîtres de publier ce que nous voudrons dans *l'Amitié de France.* » Cet ouvrage paraît actuellement à la librairie de *l'Occident* (17, rue Eblé, Paris). Voici les indications : « *Cinq grandes odes suivies d'un processionnal pour saluer le siècle nouveau,* par Paul Claudel, 1 vol. in 4° raisin, tiré sur papier vergé d'Arches, à deux cents exemplaires numérotés à la presse. Titre en or sur papier de Corée. Prix : quarante francs. » M. Francis Jammes annonce plus haut cet ouvrage en des termes auxquels nous ne saurions rien ajouter. Notre ami M. Paul Claudel nous a renouvelé expressément sa très obligeante permission. Nous le remercions vivement et publions toute la dernière partie de l'œuvre, deux morceaux entiers dont le dernier affecte une forme différente de celle des Odes. On aura ainsi un exemple plus riche de la poésie de Paul Claudel ».

Georges Dumesnil remercie par ailleurs Claudel dans une lettre inédite que voici :

« Grenoble, 12 février 1911

Mon cher Claudel,

Je veux vous remercier autrement que par la voie de l'Amitié de France de m'avoir permis de prendre, non ce que je voulais, mais ce que je pouvais de vos Odes dans mon recueil. Je vous ai lu quatre ou cinq fois tout entier. Vous avez fait là une grande œuvre qui nous abîme et qui nous exalte, comme un coup de vent enlève un grain de poussière pour l'envoyer au zénith. On ne pèse pas lourd dans votre souffle. »

2. Cette indication est précieuse car ainsi se trouve confirmée l'affirmation de Piero Jahier concernant l'existence de la copie dactylographiée de *Partage de Midi* que l'on aurait pu mettre en doute (cf. lettre n° 5, note 2).

3. Cf. lettre n° 1, note 3.

3

Flor[ence], 15 fév.[rier] 1912

Cher maître, maintenant la paix est descendue en moi, parce que je vous vois dans la force recueillie de votre grandeur.*

Votre « Partage de Midi » m'a secoué profondément.

Et cela m'est bien clair : que vous avez une grande chose à révéler à ma génération. J'ai même souffert en m'approchant à vous. Car votre esprit n'est pas une nourriture facile, mais un pain substantiel pour des mâchoires adultes. Je tremble encore d'avoir cette tâche à accomplir.

Votre « Partage de Midi » m'a secoué si profondément dans ma vie morale, dans ma vie religieuse, quoique je ne sois pas professant[1].

Et toutefois je ne comprends pas que la vérité puisse être le but de l'art. Que la vérité soit le but de la vie, je le crois et je crois à la grandeur de Dante, poète chrétien, de Paul Claudel, poète chrétien. Dont la vie est concentrée, reliée avec la totalité de la création et l'apport immense du travail de l'humanité. Ayant un *sens.* Vie sans laquelle l'art — c'est-à-dire l'expression — se produit comme une éclosion naturelle. Mais je ne peux

---

* Le début de cette lettre est reproduite dans les planches hors-texte.

pas nier l'art, par ex. de Rimbaud, de Verlaine, l'art atomique, pulvérisé, fragmentaire, l'art de Jammes même, dépourvu de sens, mais art[2]

J'interprète donc votre affirmation et j'y adhère pleinement même dans la réprobation de l'art moderne, art parade, art danse, si elle signifie, ce que je crois et sens bien sûrement, que la pensée élargit l'intuition artistique et la relie véritablement avec la totalité de la création.

Toute théorie fixée d'avance est pernicieuse à la spontanéité de l'œuvre artistique. Car elle a une tendance à la plier uniquement à ses fins. La pensée n'est pas moins exigeante de l'intuition — Que l'artiste soit une conscience et non seulement un œil attentif.

Quand vous parlez d'art composé, architectural, vous ne pensez pas à l'art mais à la vérité, vous pensez à une société gerarchique, architecturale. Nous sommes tous dégoutés de l'atomisme démocratique contemporain de cette ville fondée sur l'intérêt et sur l'échange où « il n'y a plus rien de gratuit » mais l'autre était terrible et injuste et a été jugée par le jugement de l'histoire qui est le jugement de Dieu se faisant sous nos yeux, un partage de justice[3]. Je ne sens pas cette nostalgie d'un passé qui est en nous en ce qu'il avait de meilleur et qui nous pousse à travailler pour un ordre nouveau. Je ne crois pas à une restauration de ce qui a été vécu[a]. « Il peut y avoir une démocratie puritaine » ainsi que me rappelait M. Halévy quand je traduisais ses « Quatre ans »[4] je n'adhère donc pas à votre idée, si toutefois je l'ai bien saisie ; cela comme homme moral, conscience, moment de l'esprit universel. Mais je reconnais que votre vérité est puissante dans toute votre œuvre. Je le reconnais.

Pardonnez-moi si je m'efforce de séparer ce que Dieu a évidemment uni en vous.

Mais le meilleur hommage que je puisse rendre à votre grandeur c'est de vous avouer qu'elle me secoue et me pousse à réfléchir sur les fondements même de ma vie.

Et maintenant pardonnez-moi aussi si j'ose vous demander une trop grande faveur.

Le soir que je lisais « Partage de Midi » j'ai signé un pacte avec votre esprit : de ne plus me complaire à cet art d'impressions et d'interjections dans lequel je me suis plu. De me rattacher fidèlement à la totalité de ma vie, à mes pensées, à mes doutes même. Ou bien de me taire comme quelqu'un qui n'a rien à donner.

Pardonnez-moi si j'ose vous demander une trop grande faveur : je voudrais avoir un portrait de vous, un portrait quelconque pour le mettre ici devant moi. Cela me fera du bien de travailler sous vos yeux sévères.

votre dévoué
Piero Jahier.

---

a. *Cette phrase a été ajoutée.*

PS. Est-ce que personne n'a jamais pensé à représenter votre théâtre ? Nous y pensons Prezzolini et moi[5]. C'est un théâtre lyrique qui offre de très grandes difficultés : mais nous ne croyons pas à la bêtise du « théâtre d'action » et de péripéties.

J'en lirai d'abord à la « Biblioteca filosofica » un de ces jours[6].

Est-ce que cela vous intéresserait de recevoir en hommage notre « Voce » et nos « Quaderni della Voce » ? Pourriez-vous donner la permission de traduire, p. ex. l'Échange ?[7] Est-ce que vous étiez sous l'impression des « Données immédiates de la conscience » de Bergson quand vous avez écrit « Traité de la connaissance du temps » ?[8]

Papier à en-tête : « Libreria della Voce — Firenze »

Claudel n'avait aucune raison de répondre au mot enthousiaste, écrit dans la nuit — ce qui laisse supposer une lecture avide — du 3 février 1912. Voici la lettre promise par Jahier, sa « réponse profonde ».

1. Sur sa situation religieuse à cette époque, voir ce que Jahier en dit en 1949 dans « Claudel con gli occhi dello spirito », *art. cit.*, dans notre première partie, p. 29.

2. Les nombreuses études parues récemment, dont la plus remarquable est celle de Franco Petralia, *Bibliographie de Rimbaud en Italie*, (Institut français de Florence, 1960), nous ont montré que, si Rimbaud était connu en Italie dès la fin du XIXᵉ siècle, son œuvre avait particulièrement influencé les « vociani » vers 1911-12. Ardengo Soffici publie son *Arthur Rimbaud* dans la collection des « Quaderni della Voce » en 1911 et en ce mois de février 1912, Ernest Delahaye venait de publier la première partie d'une longue étude sur Rimbaud dans *La Voce* (nᵒ de 1ᵉʳ février 1912).
La fortune de *Verlaine en Italie* a été très bien étudiée par Antoine Fongaro (Institut français de Florence, 1957). Ardengo Soffici avait consacré un article à Verlaine dans *La Voce* du 28 décembre 1911. Il faut rapprocher la découverte de Rimbaud et Verlaine de celle qui est la grande affaire du peintre Ardengo Soffici en ces années : l'Impressionnisme français (cf. « L'Impressionismo e la pittura italiana », *La Voce*, 1ᵉʳ, 15 e 29 avril 1909). Découverte qui se concrétise par l'organisation à Florence d'une exposition des Impressionnistes (cf. « L'Impressionismo a Firenze », *La Voce*, 12 et 19 mai 1910).
Piero Jahier avait consacré un article à Francis Jammes dans *La Voce* du 23 novembre 1911. Il y exprime cette même idée : « Il ne s'est engagé à rien : ses poésies n'ont pas de chapitres ». Jahier apprécie vivement l'« Impressionnisme » de Jammes, son « innocence artistique » qu'il commente par les mots de Péguy : « une innocence recouverte, une innocence réparée » (sic). Son jugement sur la valeur religieuse de la poésie de Jammes est très sévère :
« Enlevez à Jammes l'église du village vêtue de feuilles humides de rosée, et ce grand Christ de bois rongé où les abeilles font le miel, au croisement, et son Dieu disparaît comme une ombre.
Mais nous ne savons que faire d'un Dieu qu'il faut remettre debout et réparer tous les matins. D'un Dieu à invoquer comme un jouet nié ».
Sur cette conception de l'écriture du premier Jahier, voir les analyses de R. Serra citées dans notre deuxième partie, p. 77-78.

3. Cette allusion à un thème important du théâtre du jeune Claudel rejoint la citation de *la Ville* faite par Giovanni Boine près de deux ans auparavant dans l'article « Che fare ? », *La Voce*, 25 août 1910, cité dans notre première partie, p. 20-21. Dans son premier article (« Paul Claudel », *La Voce*, 11 avril 1911), Jahier insiste en traduisant un long passage de *l'Échange* (la tirade de Thomas Pollock Nageoire), sur la peinture du monde moderne chez Claudel : « Chez aucun autre comme chez ce poète chrétien [...] pour lequel la cité démocratique doit s'effondrer comme un homme qui tombe la face en avant, on ne trouve, dans sa poésie, un sens aussi profond de la vie moderne.

Les lois biologiques, les lois physiques, les perturbations sociales, la science de son temps sont poétiquement assumées dans son œuvre ».

4. Daniel Halévy, *Il castigo della democrazia, storia di quattro anni (1997-2001)*, Traduzione di Piero Jahier, Firenze, Casa ed. Italiana, « Quaderni della Voce » n° 7, 1911, 8°, p. 117.

5. En 1912, Piero Jahier ne semble pas estimer que *Partage de Midi* soit représentable puisqu'il écrit, — et c'est la seule allusion à ce problème : « Poserons-nous nous-même les lois du drame, pesant la valeur de sa réalisation aux balances usées de la représentabilité scénique ? » (« Paul Claudel », *la Voce*, 11 avril 1912). Dans son article de 1949, « Claudel con gli occhi dello spirito » (*art. cit.*, p. 63), il écrit : « Slataper, qui admirait et aimait *Partage* et l'estimait très représentable, avait cependant maintenu ses réserves en ce qui concerne la valeur scénique du dénouement ». En réalité, les réserves de Slataper concernent la signification de l'œuvre et non les problèmes scéniques (voir notre première partie, p. 24-26). Slataper écrit dans son article : « Mais, avec l'explosion de passion entre Mesa et Ysé dans le second acte, [les dernières pages] sont les seules qui soient dramatiques. Entendons-nous bien : naturellement je ne mets en avant aucune objection formaliste. Je ne me préoccupe pas en art, contrairement à Jahier, que le drame soit représentable ou non. Je crois au contraire qu'il est tout à fait représentable devant un public qui n'attend pas du cinéma. Et vous verrez qu'il sera joué en Allemagne » (« Partage de Midi », *la Voce*, 12 septembre 1912). Georges Sorel avait remarqué ce détail — important à l'époque — et il s'exclame dans une lettre à Benedetto Croce : « Un rédacteur de *la Voce* a même parlé d'une représentation possible ! » (lettre du 24 novembre 1912, publiée dans *la Critica*, 20 novembre 1928. Voir notre première partie, p. 53).

6. Cette lecture de Claudel à la *Biblioteca filosofica*, projetée par Jahier, n'a pas eu lieu si nous en croyons ce que Piero Jahier nous a précisé au cours d'une entrevue du 6 décembre 1962. La *Biblioteca filosofica*, créée en 1905, se proposait « de coopérer efficacement à la rénovation de la pensée et de l'esprit italien ». Elle est devenue par la suite « un centre vivace de culture », organisant des prêts de livres, des conférences, des publications, et créant en 1909 un « Circolo di Filosofia » auquel ont adhéré les meilleurs penseurs italiens du moment : de Croce à Papini. Cf. un article de G.F. (Gian Falco ? pseudonyme de Giovanni Papini.) : « Firenze Intellettuale — II. La Biblioteca Filosofica », *La Voce*, 7 janvier 1909.

Georges Dumesnil écrivait à Claudel le 3 mars 1913 (lettre inédite) : « Je vais aller passer les vacances de Pâques en Italie. Je ferai à Florence une conférence à la Biblioteca filosofica sur « un mouvement de pensée et d'art catholiques en France » où je parlerai de vous et de la Société St Augustin ; et une autre à notre Institut français où je parlerai de « l'Otage. » »

En effet, on trouve dans le *Bolletino filosofico*, organo della « Biblioteca filosofica » et du « cercle d'études psychologiques » de Florence, numéro d'Avril-juin 1913, les notes suivantes :

« Georges Dumesnil. « Un mouvement de pensée et d'art catholique en France », 30 mars 1913. Le *Bollettino* nous donne les aperçus suivants sur ce qu'a dit Dumesnil : « Les conversions de penseurs et d'artistes sont nombreuses en France ; il suffit de citer : Coppée, Verlaine, Huysmans, Bourget, Brunetière, Péguy, Francis Jammes, Paul Claudel.

A partir de là nous avons l'apparition d'une littérature qui n'est pas apologétique mais complètement catholique : fait nouveau pour la France (Péguy, Baumann, Louis Le Cardonnel, Jammes, Claudel, etc.) »

7. *L'Échange* a paru dans *l'Ermitage*, numéros de juin, juillet et août 1900. Repris en 1901 aux Éditions du *Mercure de France* sous le titre collectif *l'Arbre* avec *Tête d'Or*, *le Repos du septième jour*, *la Ville* et *la Jeune fille Violaine*.

Jahier a pu avoir en mains l'édition du *Théâtre*, aux Éditions du *Mercure de France*, 1er série, T. III.

8. Notons chez Jahier une connaissance assez complète de la production de Claudel. Il pose immédiatement la question des rapports avec Bergson sans doute sous l'influence de Giuseppe Prezzolini qui avait découvert Bergson depuis longtemps : « En 1902 alors que j'étais à Paris pour étudier Bergson et la philosophie de la Contingence » (*Il Tempo*

della Voce, Firenze-Milano, Vallecchi-Longanesi, 1960, p. 32). Prezzolini nous dit que Bergson « eût une grande importance (comparable à celle de Sartre aujourd'hui) pour la jeunesse de notre temps » (*Ibid.*, p. 237).

Ces rapides aperçus nous mettent en présence d'un aspect de l'influence française en Italie qu'il serait important d'étudier systématiquement. Bornons-nous à citer un témoignage inédit, qui a l'avantage de poser le problème des rapports Claudel-Bergson vis-à-vis du public italien. Georges Dumesnil, qui n'aimait guère Bergson, constate la vogue de celui-ci en Italie et en fait part à Claudel dans une lettre inédite :

« Grenoble, 22 mai 1913.

« Dans une conférence que j'ai faite à Florence, à la Biblioteca filosofica, la première qui fut faite là par un philosophe français, je n'ai pas eu peu de plaisir à leur dire publiquement que votre pensée philosophique me paraissait tout à fait des plus profondes et voyantes qu'il y eût aujourd'hui en France. Quelle surprise ! bon Dieu ! On attendait Bergson... »

Ce qu'il y a derrière ces trois mots, Georges Dumesnil nous le révèle dans une autre lettre à Claudel :

« Comme vous avez raison et comme le monde est horriblement bête ! Est-il possible qu'il l'ait jamais été autant ? A en juger par son impuissance métaphysique, je ne le crois pas. Je viens justement de lire cette Évolution créatrice dans l'exemplaire que m'a dédicacé « mon vieux camarade ». Eh ! bien, c'est exécrable et en somme pauvre et misérable. Et quand on songe que Bergson est le grand homme de toute une école, de toute une lignée ! Voilà encore un « vieux camarade » qu'il faudra que je perde en l'attaquant, ce qui ne changera rien au fond des choses, sachant, et par preuves fort concluantes, combien je suis chéri de cette école philosophique. (lettre inédite du 16 janvier 1908).

Il est possible que Jahier ait entendu la conférence de Dumesnil : en tous cas, sa question s'intègre parfaitement dans l'ensemble des réactions des milieux florentins.

4

Francfort s/M.[ain], le 18-2-1912

Cher monsieur,

Je reçois votre aimable lettre du 15. Je ne vous parlerai pas de mes théories artistiques, chacun a les siennes, et je suis bien loin de croire qu'on ne puisse aller à la beauté que par un seul chemin : comme vous le dites, les théories sont le résultat toujours « questionnable » d'un long effort d'art et n'ont jamais rien engendré par elles-mêmes[1]. De même pour les théories politiques. L'important est d'abord de faire l'ordre en nous, d'établir le règne de Dieu en nous, le reste se fera tout seul, quand la Providence le voudra. Je ne vous ai parlé de ces choses extérieures et accessoires que parce que vous me le demandiez et je ne me rappelle même plus très bien ce que je vous disais à ce sujet. La seule chose importante est la question religieuse, car je suis beaucoup moins un artiste, qu'un chrétien se servant de l'art et de toutes les ressources de la parole pour l'œuvre que Dieu lui a confiée[2].

Et à ce point de vue il y a dans votre lettre une chose très grave pour moi et sur laquelle je suis obligé d'insister : c'est l'effet que vous a produit « Partage de Midi ». J'ai souvent eu des scrupules et même des remords au sujet de ce livre. J'ai souvent craint qu'une peinture aussi libre de la passion pût nuire aux jeunes gens et les encourager dans des voies funestes. C'est la raison qui m'a empêché jusqu'ici de faire une nouvelle édition. Si je savais au contraire que ce livre a pu exercer une bonne influence sur une seule âme, j'en serais grandement soulagé[3].

J'ai écrit à M. Chapon, 46, rue du Bac, de vous envoyer les Cinq Odes. Les avez-vous reçues ?

Pour l'Échange, je suis lié par un traité avec le Mercure : c'est à lui qu'il faut vous adresser[4].

J'étais en Chine quand j'ai composé l'Art Poétique et totalement ignorant des théories de Bergson. Depuis, j'ai lu *l'Évolution créatrice* et j'y ai trouvé en effet des idées qui se rapprochent des miennes sur quelques points. Mais sur l'essentiel nous différons absolument et [surtout] sur [les][a] points 1º) Je ne crois qu'aux choses et aux êtres concrets, Dieu, la Vierge, les Anges, un homme, un chien, un arbre, une pierre, et je refuse toute existence autre que logique à ces idoles qu'on appelle la divinité, l'espace, le temps, l'élan vital etc. Il ne faut pas réaliser les abstraits et leur attribuer un pouvoir quelconque. 2º) Je suis absolument étranger à l'idée du *devenir* dans la nature. Je crois que les formes ont une importance typique, sacrée, inaltérable, inépuisable. Je crois que ce que Dieu a fait n'est pas imparfait, mais *fini*, et qu'il a eu raison de trouver ses œuvres *bonnes* et *très bonnes*. Logiquement l'idée d'un devenir, c'est-à-dire [d'un être][b] qui peut sauter hors de sa forme, me semble un véritable monstre[c] et le dernier degré de l'absurdité. Il faut la déchéance intellectuelle du 19e siècle pour avoir accepté une telle ineptie. 3º) J'attache la plus grande importance à la raison et à l'intelligence dans leur ordre. Je veux un univers complet, je veux un homme complet, *catholique*, ayant le libre usage de toutes ses facultés[5].

Je tâcherai de vous envoyer une photographie de moi. Mais je n'en possède que sous le harnais consulaire.

Je vous serre la main.

P. Cl.

---

a. *Barré* : 2 (points) surtout.
Ce qui est en crochets est ajouté sur le manuscrit par Claudel.
b. *Ajouté*
c. *Barré* : logique.

1. Cet anglicisme (« *questionnable* ») ne provient pas de la lettre de Jahier. Claudel seul en est responsable.

2. Claudel, qui dans sa lettre du 23 janvier parlant en poète catholique, profitait de l'admiration littéraire de Piero Jahier pour affirmer sa foi, semble avoir réussi à émouvoir religieusement le jeune Jahier. Il abandonne immédiatement le terrain des théories esthétiques, qui lui est cher mais sur lequel il risque de heurter Jahier : humilité rare chez un créateur, réaction qui est tout à l'honneur de Claudel.
Nous ne pouvons dire avec certitude si Claudel connaissait l'âge de son correspondant ; il pouvait comprendre que Jahier était d'une « génération » plus jeune (« vous avez une

grande chose à révéler à ma génération », lettre n° 3) et c'était l'essentiel. Jahier était un de ces jeunes gens dont Claudel parlait dès 1909 à Louis Massignon : « Beaucoup de jeunes gens m'écrivent ; quelques-uns d'entre eux se sont convertis » (lettre iné-dite du 4 février 1909, citée par Louis Chaigne, *Vie de Paul Claudel et genèse de son œuvre*, Mame, 1961, p. 103).

3. Cf. notre deuxième partie, Ch. I. Nous pensons avoir réussi à montrer que l'ar-gument avancé ici par Claudel a un caractère secondaire. Nous ne mettons cependant pas en doute la sincérité du poète. Ce n'est certainement pas *la* raison, mais ce peut fort bien être *une* des raisons qui ont commandé l'attitude de Claudel.

4. Voir lettre n° 2, note 1. *L'Échange* avait été publié dans le volume *L'Arbre* par la Société du *Mercure de France*, 1901, in 18, 535 pp.

5. Le « bergsonisme » de Claudel, auquel nombre de ses contemporains ont été sensibles (cf. par exemple l'excellente étude d'E. Marsan, « Paul Claudel — *Partage de Midi* », *L'Occident*, juin 1907), a été abordé par les commentateurs et nous en trou-vons une bonne approche dans l'article de F. Vial, « Le bergsonisme de Claudel » paru dans les *Publications of the Modern Languages Association of America* (Vol. LX, Part I Mars 1945).

En revanche, le problème historique des rapports Claudel-Bergson dont les données sont indispensables à qui veut approfondir le « bergsonisme » de Claudel, n'a pas été déchiffré de façon systématique.

Par les extraits des lettres de Dumesnil que nous avons données dans ces notes, nous voyons combien seraient précieuses à cet égard les lettres de Claudel au philosophe de Grenoble. Elles n'ont pas été retrouvées à ce jour. Nous voyons ici Claudel très réservé sur Bergson, tout comme Dumesnil.

Sur le problème précis d'une influence de Bergson sur *l'Art Poétique*, Claudel affir-mera la même chose dans une lettre à André Blanchet : « *L'Art Poétique* a été écrit en 1903 et 1904 à Foutchéou à une époque où le nom même de Bergson m'était inconnu ». (10 avril 1943, citée par Blanchet dans ses notes de la *Correspondance Claudel-Frizeau-Jammes*, *op. cit.*, p. 396-7). En effet, c'est Frizeau qui lui avait envoyé *l'Évolution Créatrice* qu'il lut en juillet 1907 (voir lettre à Frizeau, Tientsin, le 12.7.1907, *op. cit.*, p. 106 : « Il y a entre les théories de Bergson et les miennes des ressemblances frappantes qui m'avaient déjà été signalées... ». Retenons pour l'instant ce jugement de Claudel, formé dans une lettre à André Suarès (Tientsin, 25 juillet 1907, *Correspondance* 1904-1938, *op. cit.*, p. 106) : « J'ai lu avec beaucoup d'intérêt un livre récent de Bergson que vous connaissez peut-être : *l'Évolution Créatrice*. On m'avait signalé les différents points de ressemblance qui existent entre les idées de ce philosophe et celles de mes deux traités philosophiques que vous lirez prochainement. Ce sont des produits différents du même *Zeitgeist* (« Esprit du temps » en allemand). Ce que je note surtout, c'est que l'âge de fer de la Terreur scientifique paraît passé et que la barbarie repoussante des premières théories évolutionnistes paraît bien atténuée. »

5

Mon maître, non, Partage de Midi n'entraîne nullement vers le visage des choses qui périssent, il suggère plutôt « l'aspettazione delle cose eterne »[1].

Quant à moi je l'ai copié fidèlement ligne après ligne, mais je vous conjure de laisser publier une nouvelle édition[2]. J'ose même vous rappeler le réalisme de l'Église primitive et la peinture des passions chez les mystiques et les SS Pères chrétiens.

L'éducation de la volonté ne se fait pas seulement d'après l'expérience directe ; il y a une leçon de ce qui a été enduré une fois — éternellement.

D'ailleurs nulle complaisance sensuelle dans P. de M. ; mais la passion vécue comme un état de contrariété et de scission : comme un déchirement intérieur.

En vérité vous avez partagé avec justice et ceux qui ont semé dans la joie, moins souvent dans le désespoir[3].

Un ami m'a donné « Vers et Prose » et M. Rivière nous a envoyé son livre, mais je n'ai pas encore reçu « Cinq Odes » de la part de M. Chapon[4]. Dans quelques jours, je lui écrirai en lui rappelant l'obligeance que vous avez eue envers moi en lui demandant de me les prêter.

J'en aurais soin et serai très exact pour la restitution.

Si seulement vous avez votre regard humain « sous le harnais diplomatique » envoyez-moi pourtant votre photographie. Je suis réservé et très solitaire et l'étalage de votre position officielle ne me blessera aucunement. Mon désir d'avoir votre photographie est très grand mais j'y renonce volontiers si cela doit vous *causer le moindre ennui*.

J'ai bravé la demande conventionnelle et indiscrète des admirateurs, respectant la spontanéité soudaine de mon désir. Mais si cela doit vous causer le moindre ennui c'est moi qui vous prie de m'en priver.

Je suis si content des nouvelles que vous me donnez au sujet de la philosophie de Mr Bergson. J'avais lu vos « Propositions sur les anges » et votre parenté avec cet impressionnisme abstrait me paraissait fort douteuse[5].

Et maintenant je vais me mettre au travail. Comme un père vous m'avez accueilli et voilà la nourriture que vous m'avez apprêtée est en moi pour toujours.

Or je sais que je ne pourrais jamais vous rendre une millième partie de ce que vous m'avez donné en posant votre main ferme sur ma jeune tête. Et qu'il y a une seule re-connaissance qui puisse vous être agréable

C'est pourquoi j'ai signé ce pacte avec votre esprit suivant l'enseignement que j'ai reçu ce soir.

Lequel je maintiendrai fermement selon la loi et l'énergie qui a été déposée en mon âme.

Votre dévoué

Piero Jahier

Florence, le 19 février 1912.

1. « l'attente des choses éternelles ».

2. Touchant la délicate question de la copie à partir de laquelle Jahier a traduit *Partage de Midi*, nous savons de façon à peu près assurée que Jahier devait restituer l'exemplaire prêté par Georges Dumesnil dans un délai assez bref. La lettre du 3 février nous incite à le croire, ainsi que le caractère de rareté de cette édition.
Cependant ici Jahier donne à Claudel une précision d'importance : « Je l'ai copié fidèlement ligne après ligne... » Si ce détail est exact, Jahier est tout à fait responsable de ses erreurs de traduction. Si Jahier ment à Claudel, le fait n'est pas moins grave : des relations aussi élevées entachées d'un mensonge ! De toutes façons notre rôle est d'approcher au plus près de la réalité.

Un second document, à notre connaissance, fait état de l'existence de cette copie : la *Nota Bibliografica* parue dans la deuxième édition de la traduction, Paul Claudel, *Crisi meridiana*, traduzione di Piero Jahier, « La Voce », soc. an. ed. Roma, 1920 : « Avec cette réimpression le traducteur remédie aux trop nombreuses erreurs de la première édition qui fut réalisée d'après une copie manuscrite ayant été impossible d'avoir l'original ».

Cette note ne nous permet pas d'affirmer que Jahier a travaillé sur une copie exécutée par un tiers. L'affirmation « non essendo stato possibile avere l'originale » pouvant être comprise : « n'ayant pas été possible d'*avoir de façon permanente* l'original ». Cette formule n'exclut pas un prêt pour une durée limitée.

Dans l'article de 1949 (« Claudel con gli occhi dello spirito », *art. cit.*) Jahier déclare : « Le *Partage* m'a paru le plus dramatiquement et immédiatement vivant des drames de Claudel. Je le fis copier en grande hâte (d'où les nombreuses erreurs de la première édition) ». Interrogé sur ce problème lors de l'entretien qu'il nous a accordé le 6 décembre 1962, Piero Jahier nous a affirmé que cette copie a été exécutée par un tiers et que — très absorbé par son travail à la *Libreria della Voce* — il n'avait pas eu le temps de revoir de près la copie. Cette pièce n'existe malheureusement plus et le débat ne pouvant être tranché, il nous paraît préférable d'ajouter foi à l'opinion actuelle de Piero Jahier qui est la plus vraisemblable. L'expression de cette lettre (« je l'ai copié fidèlement ligne après ligne ») serait à mettre au compte du romantisme du jeune Jahier. Au demeurant, une légère déformation de la réalité dont il ne faut pas exagérer l'importance.

3. Ceci reste obscur : ces phrases grammaticalement incohérentes se rencontrent également dans l'écriture de Jahier en italien et le jeune écrivain ne possède pas parfaitement la langue française.

4. Dans le numéro de *Vers et Prose* de juin-juillet-août 1905, on pouvait lire l'Ode « Les Muses » (pp. 7-26) Il s'agit d'une reproduction de l'édition due à Adrien Mithouard et Albert Chapon, achevée d'imprimer au printemps de 1905. L'édition, in 8º, était confidentielle : les cent cinquante exemplaires, hors commerce, étaient en principe nominatifs. Paul Claudel fut particulièrement satisfait par la réalisation de *l'Occident* :
« L'édition est parfaite, magnifique, et fait le plus grand honneur à *l'Occident* et à vous qui avez surveillé le travail... » écrit-il dans une lettre à Albert Chapon du 27 avril 1905 (citée par François Chapon dans un article paru dans *Arts de France*, janvier 1962, « l'Art graphique et les Revues »). C'est précisément ce contentement qui l'amène à confier, l'année suivante, le texte de *Partage de Midi* à *l'Occident*.

C'est Paul Fort qui avait demandé à Claudel l'autorisation de reproduire ces extraits. Voici quelques extraits d'une lettre l'attestant :

« 18 juin 1905

« A Monsieur Paul Claudel.

« Cher Monsieur,

« Je viens vous prier, de la part des poètes qui ont fondé « Vers et Prose » : Francis Viélé-Griffin, Maurice Maeterlinck, Henri de Régnier, Francis Jammes, André Gide, Charles Van Leberghe, Stuart Merrill, Albert Mockel, de nous autoriser à reproduire, dans la partie intitulée : « Pages », et en tête de cette partie, votre magnifique chef-d'œuvre : « Les Muses ». Je vous écris, aussi, ayant de M. Adrien Mithouard l'approbation la plus sympathique. Vous précéderez, dans ces « Pages », la plus belle réunion lyrique, et c'est un hommage qu'il nous serait particulièrement agréable de vous voir accepter.
[...]
« Vers et Prose » uniquement consacré à la haute littérature, au lyrisme dans la prose et dans la poésie, eut comme premier fondateur Marcel Schwob. C'est lui, hélas ! qui vous aurait écrit [...]. Le recueil (second de l'année) doit paraître à la fin de ce mois. « Vers et Prose » ne se publie que quatre fois par an. Croyez à notre admiration. Paul Fort ».

Quant à savoir quel ami a donné ce numéro à Jahier, c'est plus difficile. La liste des abonnés italiens en août 1905 à *Vers et Prose* (M. Bontempelli (Moddaloni), H. B. Brewster (Rome), F. Neri (Domodossola), A. J. Sinadino (Ceccano), G. Vannicola (Rome), Dr K. G. Vollmoeller (Castello, près Florence), ne nous offre pas de piste sûre. Il est plus probable que la revue était reçue par la Libreria della Voce.

97

5. « Proposition sur les Anges » de Paul Claudel, — I — Fonction des Anges, — II — Action des anges ; — était paru sur l'*Amitié de France*, août-octobre 1911, pp. 169-174, suivi de ces lignes de Georges Dumesnil :

« Notes. — Les « Propositions » qu'on lit ci-dessus ne prétendent nullement au dogmatisme théologique. *L'Amitié de France* n'est pas un journal théologique et ne se reconnaît aucune qualité pour l'être. Il arrive seulement, dans les temps ou nous sommes, qu'un chrétien est interrogé directement par l'un de ses frères inquiet, ou encore séparé, sur un point de sa foi et qu'il se voit dans la nécessité d'en faire l'aveu raisonné, sous réserve des erreurs auxquelles il se sait sujet. Cet aveu prend une valeur plus intéressante et peut-être plus édifiante, quand il part d'un poète que les esprits avertis mettent aujourd'hui dans les premiers rangs, et quand ce poète montre une pensée philosophique des plus profondes, des plus saines et du meilleur aloi qui soient en notre époque, où presque un chacun court au paillon en laissant l'or. Nous avons déjà informé nos lecteurs du mérite spéculatif de M. Paul Claudel (v. *Amitié de France*, t. I, p. 303). Ils en auront un exemple éminent dans ces « propositions ». Soumises à l'autorité compétente, si leur publication peut avoir quelque avantage, sans rien prononcer formellement sur leurs détails et tenant compte de l'empressement avec lequel l'auteur repousserait tout sens propre, il a paru que *l'Amitié de France* pouvait les donner telles quelles... » G.D.

En effet, nous avons pu retrouver une lettre émanant de l'Évêché de Grenoble qui prouve que Dumesnil a pris conseil d'un théologien avant de publier ce texte. Voici cette lettre :

Grenoble, le 23 mai 1911.

« Évêché de Grenoble

Monsieur,

Le théologien consulté au sujet du travail de M. Claudel sur la fonction et l'action des Anges, sans l'apprécier et l'approuver de point en point, estime qu'il est en harmonie suffisante avec le dogme catholique pour que l'Amitié de France puisse le publier tel quel.

[Signature illisible]. »

Le fait que Jahier ait eu connaissance de ce numéro de *l'Amitié de France* confirme ce que nous disions au sujet de la double influence culturelle dans laquelle il se trouvait vis-à-vis de Bergson : sans connaître Bergson de façon approfondie, Jahier réagissait contre la mode du bergsonisme.

6

F.[rancfort s/Main], le 10-4-12

Cher Monsieur

Je lirai avec beaucoup d'intérêt l'article que vous m'annoncez[1]. Je v[ous] donne l'autorisation que vous me demandez pour la traduction de passages de « Partage de Midi »[2]

et vous serre la main
P. Claudel

Réponse à une lettre de Jahier qui a été perdue.

1. L'article de Piero Jahier annoncé est sans aucun doute le « Paul Claudel », *La Voce*, 11 avril 1912.

2. On pourrait penser, en lisant ce billet, que Jahier, avant de songer à entreprendre une traduction *in-extenso* de *Partage de Midi*, envisageait de publier quelques extraits de la pièce à la suite d'un article dans *La Voce* (et il fait ainsi suivre son article, « Partage de Midi », *La Voce*, 13 juin 1912, de la traduction du « Cantique de Mesa »). Cepen-

dans une semaine seulement après avoir reçu cette autorisation, Jahier demande celle de traduire l'ensemble de la pièce (voir la lettre de Claudel, n° 9, du 26.4.1912). A-t-il formé ce projet dans l'intervalle ? C'est vraisemblable bien que rien ne nous assure qu'il n'ait pas voulu procéder avec diplomatie dans une affaire qui s'annonçait comme difficile après la confidence de Claudel dans sa lettre du 18 février 1912 (n° 4) : « J'ai souvent craint qu'une peinture aussi libre de la passion pût nuire aux jeunes gens et les encourager dans des voies funestes. C'est la raison qui m'a empêché jusqu'ici de faire une nouvelle édition ». Voir lettre n° 13, notre note.

7

Francfort s/Mein, le 15 Avril 1912

Cher monsieur,

J'ai pris connaissance, autant que ma faible intelligence de votre admirable langue me l'a permis, de l'article que vous me consacrez dans *la Voce*[1]. L'exposé que vous faites de ma philosophie est un des meilleurs et des plus clairs que je connaisse et vous avez raison que cette conception d'un monde fermé et inépuisable domine mon œuvre. Je serais très désireux de voir votre analyse traduite et publiée en français[2]. Quant aux éloges que vous m'adressez, je n'y veux voir que l'ébranlement d'une âme que la vérité éternelle a touchée par ma voix. J'ai besoin de tels témoignages pour rassurer ma conscience et me dire qu'après tout mon œuvre d'écrivain n'est pas complètement vaine. Quand je cherche les causes[a] de l'obscurcissement subi par la Vérité depuis plusieurs siècles, je ne puis y voir, quoique on dise, les effets d'une crise de la *raison*. Loin d'être en progrès, la raison abstraite depuis les admirables constructions scolastiques du Moyen Age me semble en dégradation constante, et loin d'avoir contribué à développer, la *science* avec son perpétuel : « Tiens, si on essayait ceci ou cela ? Telle cause produit tel effet : voyons donc si on n'y arriverait pas par d'autres moyens » — a été un des agents[b] les plus actifs qui ont fait oublier les règles du raisonnement. Il n'y a pas eu au 16e siècle[c], libération de l'intelligence, mais libération de l'imagination qui cherche à se représenter dans le cadre des choses réelles[d] les faits et les mystères de la foi, et qui, n'y parvenant pas, se décourage aussitôt. La complexité presque inextricable des vérités de notre religion que l'on ne peut comparer qu'à celle des phénomènes de la nature fait peur aux esprits paresseux. L'islam, le matérialisme nu, les principes de 89, offrent des évidences primaires, des satisfactions superficielles, dont il est bien tentant pour un esprit lâche et paresseux

---

a. causes *remplace* raisons, *barré.*
b. été un des *pour* contribué, *barré.*
c. au 16e siècle : *ajouté.*
d. dans le cadre des choses réelles : *ajouté.*

de se satisfaire. Mais une âme ardente est obligée d'aller plus loin et ne trouve rien de subsistant derrière ces voiles monotones. — Loin de nous être d'aucun secours, ces doctrines[a] nous sont inférieures, comme la statue l'est au sculpteur. Mais des mystères comme la Trinité, la Grâce, la Rédemption, nous dépassent réellement et exercent une puissante attraction sur le cœur et sur l'esprit. Cela vit[b]. C'est à non pas les comprendre[c], mais à leur rendre leur place dans la nature, dans l'univers, à recoucher la Bible depuis la Genèse jusqu'à l'Apocalypse, que le poète peut trouver son utilité. Je vous serre la main.

P. Cl.

---

a. ces doctrines *pour* elles, *barré.*
b. *ajouté.*
c. non pas, *ajouté.*

1. « Paul Claudel », *La Voce*, 11 avril 1912. Voir notre première partie, ch. III. En effet, Piero Jahier tente dans ce texte de rendre compte de cette « métaphysique lyrique » qui même dans l'*Art Poétique*, écrit-il, est exposée sur un mode non pas « logique mais révélé ». Comme Claudel l'a bien vu, Jahier insiste sur la conception claudélienne « d'un monde fermé et inépuisable » : « Pour Claudel donc, le monde est un accord total dans lequel toutes les notes se lient et se soutiennent réciproquement [...] Le monde entier s'harmonise dans une unité ineffable combinant le dessin nouveau et l'accord nouveau [...] A chaque respiration le monde est aussi neuf qu'à cette première gorgée d'air dont l'homme fit son premier réflexe ».
Jahier utilise dans son article les lettres qu'il a reçues de Claudel. Pour présenter le poète il traduit d'abord deux phrases de la lettre 4 : « Je ne vous parlerai pas de mes théories artistiques... par un seul chemin » et « La seule chose importante est la question religieuse... que Dieu lui a confiée » (p. 93, 1er paragraphe), puis un long passage de la lettre n° 1 : depuis « Au moment où [Jahier omet : « je me convertis »] je connus la vérité... » jusqu'à « ...il lui faut la vérité » (p. 85-86) en omettant l'allusion à Pascal : « Je ne veux pas comme Pascal me cacher dans un trou noir » mais en traduisant fidèlement le reste. Les deux omissions de Jahier (l'allusion à la conversion et celle à Pascal) tendent évidemment à donner de Claudel l'image d'un catholique serein, possédant la vérité et ne se trouvant pas engagé dans un combat idéologique contre un autre grand écrivain catholique. Rien n'incitait Jahier, dans un article écrit pour *La Voce* à modifier ainsi les faits pour donner de Claudel une image rassurante : il est certain, ce que nous savons par ailleurs de ses rapports avec le poète français le prouve, que cette image est à son propre usage.
De même Jahier utilise la lettre de Claudel n° 4 (p. 94) pour préciser ses liens avec Bergson. Il commence son exposé en reprenant l'affirmation de Claudel : « sur l'essentiel nous différons absolument [...] Pour qui a suivi jusqu'ici la pensée de Claudel la parenté avec celle de Bergson concernant ce qui est en rapports avec la connaissance du temps paraîtra évidente. La parenté est réelle ici mais ce n'est pas une parenté d'esprits. Pour l'histoire, il faut noter que lorsque Claudel écrivait la 'Connaissance du temps', il était en Chine et totalement ignorant des théories de Bergson ». Il s'étend ensuite sur l'opposition entre l'idée bergsonienne du langage « cause d'erreur » et la croyance claudélienne à « un pouvoir représentatif typique, substantiel, concret » du langage. « Rien, au contraire que cela soit dit une fois pour toutes, n'est plus opposé à la valeur concrète de la pensée et des images de Claudel, lourdes de lignes et de volumes, imprégnées de la solidité terrestre, rien ne lui est plus opposée que la fluidité bergsonienne ». Et il réserve ainsi les trois points distingués par Claudel : « Objectiviste, il ne croit qu'à des choses et des êtres concrets, Dieu, les anges, un homme, un chien, un arbre et il refuse toute existence autre que logique à ces idôles qui s'appellent la divinité, l'espace, le temps, l'élan vital. Toute idée de devenir dans la nature lui est étrangère et monstrueuse. Il tient que les formes ont une

importance typique, sacrée, inaltérable, indestructible ; que la création de Dieu n'est pas imparfaite mais finie et qu'il a eu raison de trouver ses œuvres bonnes. »

2. Note de Jahier : « Je le traduisis moi-même, et il parut dans *l'Amitié de France* » (« Ricordo di Claudel », *Il Ponte*, art. cit.). Cette traduction se trouve dans *l'Amitié de France*, août-septembre-octobre 1912. Voir lettres n° 9, 14 et 15.

8

Francfort 20-4-12

Cher monsieur,

Merci de votre lettre et de votre carte. Je vais écrire à Dumesnil au sujet de votre article que je serais très heureux de posséder en français, surtout la partie explicative de mes théories philosophiques

Je vous serre la main

P. Claudel

Lettre et carte de Jahier ont été perdues. C'est Claudel qui a suggéré à Jahier l'idée d'une traduction et d'une publication de son article de *La Voce* en français (voir lettre précédente). Jahier semble avoir pensé de lui-même à publier cette traduction dans *l'Amitié de France*. Cela prouve une fois de plus — voir notre première partie p. 30 note 6 et lettre 2, note 1 — que la revue de Georges Dumesnil était connue et appréciée à Florence. Piero Jahier ne semble pas apercevoir de difficulté morale à collaborer à une revue qui affichait des positions catholiques et nationalistes plus proches de l'Action Française que de l'esprit de libre discussion de *La Voce* (voir l'ouvrage de L. A. Maugendre, *La Renaissance catholique au début du XXe siècle*, Beauchesne, 1963). *La Voce* figure dans la liste des revues qui consentent des échanges avec *l'Amitié de France* en 1913 (*L'Amitié de France*, 1913, p. 322).

9

Francfort s/Mein, le 26-4-1912

Cher Monsieur

Je vous donne bien volontiers l'autorisation que vous me demandez de traduire « Partage de Midi » dans votre belle langue. Je réserve seulement le droit de représentation[1].

Dumesnil à qui j'ai écrit me répond gentiment qu'il sera heureux de publier la traduction de votre article dans « l'Amitié de France ». Si vous donnez suite à vos intentions, je vous demanderais seulement de supprimer tout ce qui concerne ma personne et ma vie privée[2].

Je vous serre bien affectueusement la main.

P. Claudel

1. Réponse à une lettre de Pieio Jahier perdue. Remarquons que Claudel réserve le droit de représentation. Claudel à ce moment, en 1912, a pris une décision feime quant à la diffusion qu'il peut accorder à *Partage de Midi*. Rappelons qu'en 1907 il avait admis le principe, avec Franz Blei, de représentations en allemand (voir nctre deuxième partie, p. 63-64). Cette lettre prouve que Jahier — qui rendit visite à Claudel à Francfort seulement en novembre 1912 (voir lettre 16, note 2) — se trompe lorsqu'il écrit en 1949 : « Mais je crois que l'autorisation de publier en italien *Partage de Midi*, il me la donna plus par sympathie pour le jeune homme, parti ainsi de loin pour le connaître, que par conviction personnelle, puisqu'il a ensuite attendu presque quarante ans pour le publier en français » (« Claudel con gli occhi dello spirito », *art. cit.*)

2. La lettre de Dumesnil citée par Claudel n'a pu être retrouvée. Sur cette traduction, voir lettres 14 et 15. Elle paraîtra sous le titre « Paul Claudel » dans *l'Amitié de France*, août-septembre-octobre 1912. Jahier débutait alors dans la carrière littéraire : c'est pourquoi il a besoin des bons offices de Claudel pour être introduit auprès de Dumesnil, personnage officiel impoitant. Georges Dumesnil présente ainsi l'article de Jahier dans une note :

« Note. — Le remarquable article que nous offrons ci-dessus à nos lecteurs est d'un Italien. Nous lui avons laissé la saveur native de sa conception et de son style. Tout en caractérisant la poésie de Claudel avec force, il atteste l'ébranlement européen qu'elle produira, le choc d'un art qui remue tout, d'autant qu'il remet tout à sa place dans un monde où presque tout est dérangé.

G.D. »

La version française de l'article présente un agencement de la matière différent, mais le texte italien est entièrement traduit à l'exception de quelques allusions à des personnes et des faits inconnus du public français ainsi que des notes biographiques et bibliographiques.

10

Francfort s/Mein, le 4 mai 1912

Cher monsieur,

Voici l'explication des termes que vous me demandez : « *Woolly* » signifie littéralement laineux, et exprime cette espèce de bourre rude et emmêlée qui pousse l'hiver sur le dos des bêtes sauvages. Le vers est extrait d'une chanson de cowboys de Far West.

Cela pourrait se traduire en français à peu près ainsi :
    « je suis un rude chien, j'ai des poils partout
    et je suis plein de puces »[1]

En général pour la traduction il vaut mieux s'attacher au sentiment, qu'il faut rendre avec force et dans l'esprit de la langue que vous employez, plutôt qu'à une exactitude littérale.

« Le Bottin de Josaphat ». Le Bottin est l'almanach des adresses des commerçants en France — Cela s'applique aux commerçants et négociants décédés qui mettent leurs qualités sur la pierre de leur tombe — *Titulus sepulcri*.

« Le Gingal » est une espèce de long fusil ou couleuvrine de 3 ou 4 mètres de long dont les Chinois se servaient autrefois.

Le *sproch* est une espèce de dysenterie particulièrement violente, caractérisée par des selles blanches[2].

Ce que vous me dites de votre vie m'émeut et m'intéresse beaucoup. J'aimerais vous connaître un peu et savoir qu'elle est votre existence, quels sont vos pensées et vos espoirs. Vous savez peut-être[a] que j'ai failli me faire moine autrefois (avant le Partage de midi) et j'ai gardé de cette vocation manquée un goût et un intérêt profond pour les âmes, surtout les pauvres jeunes gens, dont j'ai connu autrefois toutes les peines et toutes les angoisses. Mais nous avons tous un père qui ne refuse pas son aide aux âmes de bonne volonté[3].

Je vous serre bien affectueusement la main

P. Claudel.

———————

a. peut-être *est ajouté.*

Claudel répond dans cette lettre à des demandes d'éclaircissements de Piero Jahier en train de traduire *Partage de Midi*.

1. *Partage de Midi*, Mercure de France, 1948, p. 67. C'est Amalric qui parle :
« Je reconnais mon brave Levant, hourra ! ' *I'm wild and wooly and full of fleas* ! '
Dans sa traduction, Jahier indique en note le sens de la phrase anglaise : ' Sono un cagnaccio, peloso dappertutto e nero di pulci '. Da una canzone dei cow-boys del Far West. »

2. *Op. cit.*, p. 75. C'est Mesa qui lit les inscriptions des tombes dans le cimetière de Hong Kong :
« — Le Bottin de Josaphat. — *Cohn, courtier de change.* — *Donec immutatio mea veniat.*
— Comme je vois bien tout cela ! le marin de 1859 tué d'une balle de gingal ou de la vérole cantonaise.
Le vieux célibataire qui s'en va du *delirium tremens* ou du sproh, »
Jahier a traduit « Le Bottin de Josaphat » : *l'Indicatore della valle di Giosafat* ; « gingal », *colubrina*, sproh, *sproh*.

3. Sur la vie de Jahier, voir lettre suivante, note 4. L'assistance que Claudel propose à son interlocuteur est toute morale et religieuse, elle tend à se réduire à une tentative de conversion. Cf. cette phrase d'une lettre de P. Claudel à Jacques Rivière :« [...] c'est pour moi le premier et le plus agréable des devoirs de tâcher de faire un peu de bien aux jeunes gens qui se débattent dans la crise que j'ai moi-même traversée, jadis. » (Tien-Tsin, le 25 mai 1907, *Correspondance Claudel-Rivière*, Plon, 1926, p. 40.)

11

Florence, 6-5-1912

Mon maître, très chere[a] maître, puisque je ne dois pas vous louer, mais ce glorieux cantique de Mesa me fait trembler pendant que je le traduis ; cher maître je suis si content de pouvoir vous annoncer que votre poésie

———————

a. *Sic.*

est puissante dans la langue maternelle de cette jeune âme qui vous aime et se réjouit d'avoir veillé pendant tous ces jours en travail. Je vous remercie de vos éclaircissements au sujet de la traduction (finger-bowl est-ce bien cette tasse d'eau tiède dont on se sert pour se laver les doigts dans les repas anglais)[1]

Encore : je ne comprends pas bien ces vers :

Ainsi le travailleur d'or sous la lampe, tu arrives avec le souffle de minuit qui amène un papillon blanc. — travailleur d'or se rapporte-t-il à papillon blanc ?[2]

Encore :

Mais comme chacun produit
Sa vision et son entendement, c'est ainsi qu'avec sa propre vie
Il tire de l'admiration de la seule chose qui Est
Son propre temps.

J'ai, naturellement, conservé les versets ; je me suis efforcé de traduire le sentiment tout en m'imposant la solennelle tournure de votre phrase parce que je crois qu'une traduction de poésie doit être œuvre d'humilité avant tout[3].

Je vous écrirai longuement sur ma vie ; Dieu voudra bien me donner cet[b] année ce mois de vacances que j'attends depuis dix ans. Je me retirerai alors dans mes montagnes (je suis vaudois, des vallées vaudoises du Piémont) pour me recueillir. Je ne vous envoie encore rien de ce que j'ai écrit jusqu'à ce moment[4].

J'ai résolu jusqu'à ce jour une grande chose : j'ai une femme, ma femme, noble et forte créature choisie qui supporte avec moi le poids d'une maison pauvre. Je suis orphelin depuis onze ans, six frères et sœurs. Et j'ai un enfant dont je peux soutenir le regard[5].

Votre dévoué

Piero Jahier.

En octobre je reprendrai mon emploi aux chemins de fer de l'État que j'avais abandonné pour un an pour fonder et diriger la Libreria della Voce[6]. C'est pourquoi j'espère venir vous voir un jour à Francfort s/Mein puisque j'ai droit à quelques billets de voyage gratis. Est-ce que je dépenserais beaucoup pour trois ou quatre jours à Francfort ?

---

b. *Sic.*

1. *Op. cit.*, p. 117 : « Et les doigts dans le *finger bowl* où il y a un petit bout de citron ». Claudel ne répondra pas à cette question et Jahier écrira en note : « *Finger bowl*, scodella per lavarsi le dita d'uso nei pasti inglesi » (Éd. de 1912, p. 92).

2. *Op. cit.*, p. 96. C'est Mesa qui parle. Voir la réponse de Claudel dans la lettre suivante. Jahier a traduit ainsi : « Come al lavoratore d'oro sotto il lume, arrivi col soffio di mezzanotte che trasporta una farfalla bianca. » (éd. de 1912, p. 72).

3. *Op. cit.*, p. 159. C'est Ysé qui parle :
« Je ne vois et je n'entends point cela, Mesa.
Mais comme chacun produit
 Sa vision et son entendement, c'est ainsi qu'avec sa propre vie
 Il tire de l'admiration de la seule chose qui Est
 Son propre temps. Il ne faut pas essayer de me comprendre. »
Voir la réponse de Claudel dans la lettre suivante. Jahier a traduit ainsi :
« Non vedo e non capisco questo, Mesa. Ma come ogni essere produce
 La sua visione e la sua conoscenza, così colla propria vita
 Estrae dall'ammirazione della sola cosa che è
 Il proprio tempo. Non provare a comprendermi ». (éd. de 1912, p. 129).
Cet ordre est conservé dans les éditions de 1920 et de 1949. Dans l'édition de 1920,
Jahier a utilisé une majuscule, comme dans le français : « ...della sola cosa che È » et
dans l'édition de 1949, il a traduit : « ...del solo essere che È ».

4. A cette date, Piero Jahier avait publié une traduction de Daniel Halévy, *Il castigo
della Democrazia, Soria di quattro anni* (1997-2001), Firenze, Libreria della Voce, 1911,
ainsi que plusieurs articles parus dans *La Voce*, soit sous son nom, soit sous celui de Gino
Bianchi. Sa première note « Inchieste sulla religione » paraît dans le numéro du 14 janvier 1909. *La Voce* eut le mérite de permettre à Jahier de publier. Prezzolini a raison
d'écrire : « Une âme offensée par des années de pauvreté, de luttes familiales et religieuses,
avait beaucoup à raconter si on lui en offrait l'occasion. Et celle-ci vint avec *la Voce* ».
Prezzolini définit ainsi les premiers essais de Jahier : « Il commença à se manifester avec
un certain goût pour la satire et le portrait. Et des petits portraits et tableautins satiriques se
lisent en effet dans ces temps de *la Voce* : d'us, de coutumes, de types paysans, de vices et de
goûts de la race et de certaines catégories sociales, surtout des employés. Il manifeste un
esprit de réforme et non de conformisme ; c'est un esprit aigu et qui ne se contente pas de
plaisanteries débonnaires, mais recherche le jugement sévère et dur » (G. Prezzolini,
Amici, Firenze, Vallecchi, 1922, p. 43 et pp. 44-45).

5. Prezzolini écrit encore : « Jahier est fils d'un pasteur protestant, qui se tua pour avoir
péché, d'un péché qui n'a jamais tué personne en Italie : manquement à la fidélité conjugale. Le père laissa une veuve pauvre, avec quatre enfants, l'aîné desquels dût chercher
rapidement à gagner la vie de la famille. La vie de cette famille est décrite dans *Ragazzo* »
(*Id.*).

6. Prezzolini annonce au début de 1911 la création de la *Libreria della Voce* (« Per
andare più avanti », *La Voce*, 25 mai 1911) et une souscription de 10 000 lires par actions
de 25 lires pour la création d'une société coopérative possédant le journal, la librairie,
les *Quaderni della Voce* et les opuscules. Il écrira récemment :
« Prezzolini voyant surgir des divisions avait imaginé trouver là des intérêts pratiques
qui auraient maintenu l'unité autour du noyau primitif. Elle [la librairie] devait être une
tentative, pour un groupe d'écrivains, de se libérer de l'exploitation des éditeurs (la forme
de « coopérative » fut suggérée par cette idée, plus que par le but erroné d'éviter les
impôts) » (Papini-Prezzolini, ...*Storia di un'amicizia, op. cit.*, p. 271). La *libreria* commence
à fonctionner en septembre ou octobre 1911, Prezzolini dirigeant l'administration et
Jahier l'aidant dans le travail quotidien et matériel de la boutique. En plus de la lourde
charge que cela représentait, l'atmosphère de l'équipe était loin d'être sereine durant ces
mois de l'hiver 1911-1912. Prezzolini écrit à ce propos : « [*La Libreria della Voce*] fut
l'occasion de contestations, de disputes et de dissensions, comme le montre une lettre de
lui [de Prezzolini à Papini] sur son propre éloignement : ' j'ai fait un pas assez grave, en me
retirant, pour ne pas rester au milieu de ces commérages, mensonges, volte-faces, questions
mesquines qui avaient surgi avec la création de la *Libreria della Voce*, et je veux pas me
retrouver au milieu de tout ça ' (de Paris, 18-4-1912) » (*Storia di un'amicizia, op. cit.*,
p. 271). Sur ces problèmes, voir aussi notre *Romain Rolland et le mouvement florentin de
la Voce, op. cit.*, p. 276-307, *passim* et notre article, « Contribution à l'histoire des
« Cahiers » : les premières réactions italiennes », *op. cit.*, p. 344-345.

12

Francfort s/Mein, le 9 mai 1912

Je réponds à votre lettre du 6. « Ainsi le travailleur d'or sous la lampe ! »
La paraphrase serait

« Tu arrives ! et c'est comme quand un homme qui[a] écrit, tout doré
par la lumière de la lampe, à minuit, dans le demi-rêve de son travail et
de l'heure, voit un papillon blanc qu'un souffle mystérieusement pousse
par la fenêtre ».

Au lieu d'enchaîner les idées, je me suis borné à les juxtaposer suivant
le procédé Pindarique et dans l'ordre où elles se présentaient. Mon vers
est comme un objet d'art formé de plusieurs couches de vers superposées
dont le travail de l'artisan a fait presque disparaître l'une ou l'autre.

« Mais comme chacun produit sa vision et son entendement etc... »
C'est une variante de l'idée que j'ai souvent exprimée d'après laquelle
l'Éternité immobile est comme le moteur de notre propre temps dont
nous continuons en nous la détente. Chaque être a son propre mouvement
et par conséquent son propre temps. C'est à peu près l'idée de Bergson
avec cette différence capitale, que notre *temps* propre (au sens musical)
s'accorde avec la symphonie universelle[1].

Je serais enchanté de vous voir à Francfort. Je serai absent tout le mois
d'octobre. Mais en novembre je serai ici et tout seul dans un grand apparte-
ment où je serais très heureux de vous donner l'hospitalité si vous y consentez[2].

Je vous serre bien affectueusement la main

P. Cl.

––––––––––

a. *Barré* : travaille.

Voir la lettre précédente pour les exégèses de *Partage de Midi* à l'usage de son traducteur.

1. Claudel revient sur les rapports entre sa pensée et celle de Bergson (voir lettre n° 4,
note 5). Les efforts pour définir avec précision les limites entre sa pensée et celle de Bergson
montrent qu'il avait compris l'importance de celle-ci, se montrant par là plus ouvert aux
courants novateurs de son époque que son admirateur Georges Dumesnil qui attaque
violemment Bergson dans une série d'articles sur « La Sophistique contemporaine »,
L'Amitié de France, 1912, p. 49-78, p. 123-155 et 229-236, repris en volume, *La Sophistique
contemporaine, petit examen de la philosophie de mon temps*, Beauchesne, 1912. Rappel-
lons que ces années voient le début d'une série d'attaques dirigées contre Bergson, par
Jacques Maritain (conférences à l'Institut catholique en 1912 et volume sur *La Philosophie bergsonienne*, Rivière, 1914) et par les jésuites (P. de Tonquédec dans les *Études*,
février et novembre 1912) qui aboutira à la mise à l'Index en 1914.

2. Jahier a eu l'idée de ce voyage et Claudel lui a offert san hésiter l'hospitalité. Notons
le désir chez Jahier d'une connaissance de l'homme et non seulement de la production
littéraire qu'il admire, déjà exprimée par les demandes de portrait (lettre n° 3, réitérée
avec insistance dans la lettre n° 5).

13

F.[rancfort s/Main,] le 14 juin 1912

Merci, mon cher Jahyer, pour le joli volume gris qui contient votre traduction, et pour « la Voce » que je reçois ce matin. Je vais essayer d'épeler tout cela.

Je vous serre la main

P. Claudel

Carte postale. Le numéro de *La Voce* du 6 juin contenait une brève recension par P. Jahier de *l'Annonce faite à Marie* mais la carte de Claudel peut se référer au numéro de *La Voce* du 13 juin que Jahier a pu expédier un jour ou deux avant sa mise en vente. Dans ce numéro, la parution de la traduction de *Partage de Midi* est annoncée : « Édition spéciale en nombre limité ». Un article de Jahier « *Partage de Midi* » y présente l'œuvre et la traduction du « Cantique de Mesa » qui est donnée en bonnes feuilles. Dans ce bref article, après un rapide résumé du drame, Jahier écrit [dans ce drame] « Il y a la division, le choix (partage) dans la maturité de la vie entre le monde de la joie et le monde de la loi et la consumation de la victoire sur la passion.

[...] Combien tout cela est vrai, de cette prégnante vérité de la poésie qui contient toutes les réalités particulières, vrai et immobilisé pour toujours ; qui sait s'abstraire de ce moment de poésie infantile, à fleur de peau, le sentira.

Car celle-ci est une poésie « difficile », valorisation, concentration, réduction des choses visibles.

Non pas complaisance de sensations, mais possession de lignes : l'univers comme un visage composé et lisible ».

Piero Jahier a donc réalisé cette traduction très rapidement. Il lit avec enthousiasme *Partage de Midi* le 3 février 1912 (lettre n° 2), a achevé de le copier — ou de le faire copier — le 19 février (lettre n° 5). Un mois et demi s'écoule avant qu'il ne demande l'autorisation de traduire des passages de *Partage de Midi* (lettre de Claudel n° 6, du 10 avril, qui étant un très bref billet et Claudel ayant l'habitude de répondre rapidement à Jahier nous donne la date de la demande de celui-ci avec exactitude). Ce laps de temps est occupé par la rédaction du long article qui paraît dans *La Voce* le 11 avril 1912. A la fin du mois d'avril, Jahier a demandé et obtenu l'autorisation de traduire intégralement le drame (lettre n° 9, du 26 avril). Le 6 mai Jahier, pose des questions à Claudel sur les difficultés du Troisième Acte et annonce l'achèvement de la traduction du « Cantique de Mesa » (lettre n° 11). Bien entendu, Jahier a pu traduire des passages du drame avant de recevoir l'autorisation du 26 avril, mais il faut observer que Jahier n'était pas un dilettante, traduisant par goût ou par manière de passe-temps, c'est un jeune écrivain occupé par la rédaction de ses articles, par son travail à la *Libreria della Voce* et par sa famille. Il est donc très vraisemblable qu'il n'a entrepris cette tâche de traduction que pour faire connaître l'auteur qu'il a découvert et donc seulement lorsqu'il a pu négocier la publication du volume. Il pense d'abord à révéler aux Italiens la poésie de Claudel en traduisant des extraits de *Partage de Midi*, aisément publicables dans *La Voce* (d'où la demande d'autorisation de publier des extraits) puis, approximativement entre le 10-12 avril et le 24-25 avril, il obtient la possibilité de publier l'œuvre intégrale en volume et il demande en conséquence une nouvelle autorisation à Claudel. Ainsi, ce que Jahier déclare à Gustavo Botta dans sa lettre du 13 janvier 1913 (voir p. 140-142) nous paraît concorder très bien avec ce que les documents que nous possédons nous apprennent. Jahier a été obligé par des raisons éditoriales d'exécuter sa traduction très rapidement : « Un zèle excessif m'a poussé à accepter de donner, en à peine plus de *huit* jours, la traduction à l'imprimerie, sous peine de ne pas publier. Condition impérative, imposée par des raisons administratives-éditoriales (provenant d'un calendrier de publications chargé). Et moi, employé à la Librairie, après dix heures de travail dans la journée, j'en fis à peu près autant de nuit, pour ne pas perdre la possibilité de faire connaître à l'Italie ce chef-d'œuvre » (voir p. 141). Sans doute Jahier exagère-t-il quelque peu : il aura traduit le drame en quinze jours et n'aura pas travaillé pendant huit jours à raison de vingt heures quotidiennes, mais l'essentiel de son témoignage est certainement tout à fait véridique.

14

12-8-12

Cher monsieur,

Je viens de recevoir l'A. de F. qui m'apporte votre article et me prépare à le lire avec l'attention qu'il mérite[1]. Je dis au Mercure de vous envoyer la « Connaissance de l'Est »[2]. Je vous envoie aussi l'Abrégé, mais je vous préviens que cet opuscule ne me satisfait plus complètement[3].

Votre bien sincèrement dévoué,

P. Claudel

Carte postale. Sans doute des lettres ont été perdues. On conçoit mal que Claudel n'ait pas remercié mieux son traducteur.

1. Piero Jahier, « Paul Claudel », *L'Amitié de France*, août-septembre-octobre 1912. Voir lettre n° 9, note 2.

2. *Connaissance de l'Est*. Mercure de France, Petit in 8°, 1900 ; in 12, 1907.

3. *Abrégé de toute la doctrine chrétienne*. s.l.n.d. (imprimé chez H. Jouve, à Paris), in 4°, reproduit dans le volume de la correspondance Gide-Claudel (p. 63-66).

Ce texte de Claudel serait à comparer avec Georges Dumesnil, *Le miroir de l'ordre*, opuscule in 8°, Beauchesne, 1907. Dumesnil lui-même nous y engage dans une lettre à Claudel du 29 octobre 1907 : « Je suis frappé de beaucoup de coïncidences entre votre Abrégé de toute la doctrine chrétienne et de mon *Miroir* de (tout) l'ordre ».

Jahier cite à deux reprises l'*Abrégé* dans la préface de sa traduction de l'*Art poétique* (*op. cit.*), en particulier cette définition qui lui permet d'établir un rapprochement entre la pensée de Claudel et celle de Karl Barth : « ' Dieu est l'être parfait pour lequel toute puissance est acte inaccessible à nos sens et duquel nous pouvons seulement affirmer qu'il est ce qui n'est pas '. Définition aristotélicienne et gnostique qui rappelle le *totaliter aliter* barthien ». Cette référence au *totaliter aliter* barthien revient à deux autres reprises dans les textes de Jahier sur Claudel. Dans le « Claudel con gli occhi dello spirito » (1949), il écrit : « [Claudel] était un homme qui exultait, ébloui par quelque chose de plus grand que lui, *totaliter aliter*, comme Dante dans son *Paradis* ». Au contraire, dans son article de 1955, « Ricordo di Claudel », l'allusion barthienne est opposée à la conception claudélienne du Dieu de l'Église visible : « Je ne veux pas un Dieu de cathédrales, mais un Dieu de cet univers, nœud d'étoiles qui nous envoient sur cette route, à travers des milliers d'années lumière, la foudre de leur mystérieuse présence. De laquelle, dans ma durée de quelques années, je peux seulement affirmer qu'elle peut être ' *totaliter aliter* ' de ce qu'imagine ma présomptueuse suffisance ».

15

Francfort, 10-9-1912

Cher monsieur,

Ci-joint « l'Abrégé » que vous me demandez — Avez-vous reçu les autres livres ?[1]

J'avoue que l'article que vous m'avez consacré dans « l'Amitié de France » m'a rendu un peu confus. En italien cela ne m'avait pas fait le même effet. Enfin je sais que tout cela dans le fond ne s'adresse pas à moi et que je ne suis que l'Ane chargé de reliques.

Je n'ai pas lu le livre dont vous me parlez mais je pense qu'en ce moment tout est bon pour vous qui vous ramène aux grandes vérités vitales, en dehors desquelles il n'y a que misère, dégradation et asphyxie[2]. Le moment vient, espérons-le, où quelques personnes comprendront que l'atrophie du sentiment religieux, tel qu'il est satisfait d'une manière parfaite par notre religion, est celle de nos facultés les plus précieuses. Avez-vous remarqué que toutes ces prétendues libertés consistent en réalité dans des mutilations ? L'impie nous prive de Dieu, l'anarchiste nous prive de la famille et de la patrie, le philosophe nous prive de la morale et de la raison et nous finissons par nous trouver en tête à tête comme des brutes avec nos instincts les plus directs et les plus courts[a], dans l'étroite cage de l'animalité, séparés de l'humanité par les barreaux que nous nous sommes forgés nous-mêmes. De l'animalité et *de la folie*, car l'homme ne peut vivre en animal sans un trouble profond de toute sa nature, même physique, il n'est pas construit pour cela.

L'article de « La Tribuna » me prouve combien j'ai eu raison de me montrer prudent avec « Partage de Midi ». Où ce critique a-t-il pu voir que je glorifiais la passion ? Je la présente, au contraire, comme une affreuse catastrophe qui ne mène qu'à la mort. Et la mort n'est pas la vie[3].

Le mauvais temps continuel nous a forcés à changer nos plans. Ma femme n'a pu songer à quitter Francfort avec le petit enfant qu'elle vient d'avoir et renonce à son voyage en France. En revanche je serai obligé d'aller là-bas plusieurs fois cet automne et cet hiver (on va jouer « l'Annonce faite à Marie »). Mon premier déplacement sera d'une quinzaine vers le milieu du mois d'octobre. Prévenez-moi donc de la date de votre arrivée. A mon grand regret, je ne puis plus maintenant vous offrir une chambre, comme j'aurais eu grand plaisir à le faire, mais naturellement ma table vous sera ouverte[4].

Je vous serre la main en toute sympathie.

Paul Claudel

---

a. et les plus courts : *ajouté.*

1. Voir la lettre précédente.

2. Il s'agirait, selon Jahier (note in « Ricordo di Claudel », *art. cit.*), de l'*Action—Essai d'une critique de la vie et d'une science de la pratique*, thèse soutenue en Sorbonne le 7 juin 1893, par M. Blondel mise dans le commerce en novembre 1893. Jahier a pu en avoir connaissance par Prezzolini qui avait consacré un ouvrage au modernisme (*Cos'è il modernismo*, Treves, Milano, 1908). Jahier cite Claudel dans la préface à sa traduction de l'*Art Poétique* (*op. cit*). Sur ces problèmes, voir Piero Scoppola, *Crisi modernista e rinnovamento cattolico in Italia*, Bologna, Il Mulino, 1961.

3. Emilio Cecchi, « Partage de Midi », *la Tribuna*, Roma, 19 août 1912, reproduit in E. Cecchi, *Aiuola di Francia*, Milano, Il Saggiatore, 1969. Voir notre première partie, p. 37-38). On y lit notamment ceci : « Et Ysé, la femme de trois hommes, deux fois adultère, est la force éternelle qui soutient le drame. Sa main est celle qui, à la fin, allume le brasier du triomphe spirituel. Son véritable nom, nous l'avons dit, il est : *passion*. Le drame célèbre la sainteté de la passion, dans l'exaltation ascétique elle-même, dans l'amour divin lui-même.

Le catholique Claudel eût conscience de l'hétérodoxie de la signification de son œuvre, et il fit imprimer *Partage de Midi* en peu d'exemplaires, craignant une influence néfaste de ce livre.

Il y a quelque chose de beau et d'émouvant dans ce scrupule d'un poète, dans cette reconnaissance des conséquences de sa propre puissance ».

L'article montre une très vive sympathie pour l'œuvre et la personne de Claudel.

4. Le 24 août 1912, naissance d'Henri Claudel. Fin août-début septembre, Lugné-Poe lui demande *l'Annonce* (voir *Journal*, *op. cit.*, p. 236), Claudel sera à Paris du 9 au 27 octobre pour la répétition de *l'Annonce* (*Id.* p. 239).

16

Francfort, 28 décembre [1912]

Cher Monsieur

Nous venons de recevoir le paquet contenant les belles reliures que vous avez bien voulu faire faire à Florence pour nous.

Elles sont superbes et le prix est étonnant de bon marché. Mon mari va d'ailleurs vous écrire à ce sujet et vous parlera en même temps de sa pièce qui vient d'obtenir un grand succès à Paris[1]. Quant à moi je veux vous dire simplement le grand plaisir que j'ai eu à faire votre connaissance[2].

Vos petits amis se rappellent à votre souvenir.

Veuillez recevoir cher Monsieur l'expression de ma vive sympathie.

Reine Claudel

Claudel est très occupé par le succès de son œuvre. Cette lettre de Madame Claudel est le premier document conservé postérieur à la visite de Jahier à Francfort.

1. Voir lettre suivante, note 2.

2. Sur la visite de Piero Jahier à Claudel on ne sait à peu près rien. Claudel y fait allusion dans une lettre à Gide, de Paris, le 8 décembre 1912 : « Le jeune Jahier est venu me rendre visite à Francfort, j'ai eu grand plaisir à faire sa connaissance. » (Claudel-Gide, *Correspondance* 1899-1926, *op. cit.*, p. 207). Dans le *Journal* (*op. cit.*, p. 242) nous lisons : « Fin nov[embre]. — Séjour du jeune Piero Jahyer avec son paletot écarlate et son passe-montagne en laine grise. Descendant de Vaudois. Son père pasteur se tue quand il a 12 ans par remords d'avoir manqué à ses devoirs de fidélité conjugale. A 20 ans, crise de foi et de pureté. Dieu le conduit au temple où il voit celle qui est maintenant sa femme ».

Piero Jahier se décrit lui-même au cours de cette visite comme « un jeune homme engoncé dans la capote (' casentina ') écarlate du charretier toscan (nous étions jeunes, nous étions romantiques : la ' casentina ' représentait la découverte de l'universalité de l'art, à travers le vêtement populaire, comme plus tard je devais retrouver les lyriques grecs dans les chants de mes chasseurs alpins) » (« Claudel con gli occhi dello spirito », *art. cit.*).

Sur les réactions de Jahier devant l'homme Claudel, nous savons peu de choses : voir notre première partie, p. 48-49.

17

F.[rancfort s/Main,] le 2 janvier 1913

Bonne année, cher ami, que Dieu vous garde et vous maintienne en force et santé. Croyez que de mon côté j'ai eu plaisir à vous voir. Vous êtes un enfant de Dieu, un beau et solide morceau d'humanité. Quel dommage que certaines choses essentielles manquent encore pour que je puisse v. appeler mon frère[1].

Les journaux vous ont parlé du grand succès obtenu par « l'Annonce ». J'en ai été le premier surpris — j'ai eu de très bons acteurs et tout a admirablement marché[2].

Les reliures ont surpris[a] et feront l'ornement de ma bibliothèque. Ma femme est fort touchée et fière du beau présent que vous lui avez fait. Elle vous a d'ailleurs écrit à ce sujet. — Je vous envoie le montant de la facture. C'est vraiment étonnant de bon marché.

Tout le monde va bien chez moi. J'espère qu'il en est de même à votre foyer.

Je vous serre la main

P. Claudel

---

a. *lecture hypothétique.*

1. Réponse à une lettre que nous n'avons pas retrouvée. C'est la première fois que Claudel abandonne le « cher monsieur » pour le « cher ami ».

2. Les représentations de *l'Annonce faite à Marie* par le théâtre de l'Œuvre de Lugné-Poe à la salle Malakoff, en décembre 1912, font « l'effet d'une bombe » : telle est la conclusion d'une minutieuse étude de René Farabet in « Claudel homme de théâtre — Correspondance avec Lugné-Poe — 1910-1928 », *Cahiers Paul Claudel V*, Gallimard, 1964, p. 90 et *passim*. Claudel exprime sa satisfaction dans une lettre à Lugné-Poe du 27 décembre 1912 : « Oui, je suis vraiment content, et je serais difficile, si je ne l'étais pas, mais je suis aussi reconnaissant. A vous, d'abord, mon cher Lugné, qui avez enfin dressé Monsanvierge et fait entendre sa propre musique aux oreilles du poète enseveli. A tous mes interprètes ensuite qui ont été superbes d'enthousiasme et de talent (entre tous Anne Vercors) et à qui je dois une des grandes joies de ma vie » (*Ibid.*, p. 99).

18

Francfort s/Mein le 15 janvier 1913

Cher ami

En passant l'autre jour la revue de ma bibliothèque, j'ai vu qu'il me manquait un volume, « Connaissance de l'Est » (1e éd. 1900 couverture verte), auquel je tiens énormément, car je n'en ai pas d'autre. En rassemblant mes souvenirs. il me semble bien que je vous l'ai remis en même temps que les autres livres que vous deviez faire relier à Florence, mais il ne se trouvait pas joint à votre envoi. Dites -moi si je ne me trompe pas. J'avoue que cela me tracasse beaucoup[1].

Avez-vous reçu ma dernière lettre où je vous parlais des traductions italiennes de mes œuvres ?[2]

Ma femme se joint à moi pour se rappeler à votre meilleur souvenir. Les enfants saluent leur ami lointain. Bien des choses à Cico !

Très affectueusement.

P. Claudel

1. *Connaissance de l'Est*, Mercure de France, 1900, petit in 8°. La deuxième édition, in 12, également au Mercure, date de 1907.

2. Cette lettre n'a pas été retrouvée mais Piero Jahier nous a affirmé, au cours de notre entrevue du 6 décembre 1962, que Claudel, très satisfait de l'action divulgatrice en Italie et de sa traduction de *Partage de Midi*, lui proposa le droit de traduction pour l'ensemble de ses œuvres. Jahier, trop occupé par ailleurs, ne traduisit que l'*Art Poétique* (*op. cit.*).

19

F.[rancfort s/Main] le 20-2-13

Cher ami

Je viens de recevoir « Connaissance de l'Est ». La reliure est superbe ! Merci.

Dites-moi ce que je vous dois. Je serais très occupé par le développement que prennent mes livres et mes idées en Allemagne. On va organiser des représentations modèles à Berlin et à Helleraü.

Je vous serre la main.

P. Claudel

Carte postale.

Paul Claudel écrira de Helleraü, le 22 septembre 1913, à André Gide : « Je suis ici jusqu'au 5 dans ce merveilleux théâtre de Helleraü pour la représentation de *l'Annonce*. J'ai pour Marie une actrice admirable qui a des détentes de panthère, « la Dietrich ». (*Correspondance Claudel-Gide, op. cit.*, p. 211) ; et le 29 septembre : « Les représentations de *l'Annonce* seront, je crois, très belles, et constituent un événement pour l'Allemagne. Toute la presse sera représentée ! » (*id.* p. 212).

Robert Mallet nous apporte les précisions suivantes :

« ...Helleraü, petite localité voisine de Dresde, dont l'Institut d'Art fondé en 1911 s'intéresse aux œuvres dramatiques modernes avec des conceptions très nouvelles pour l'époque : Wolf Dohrn et Alexandre Salzmann, les promoteurs de ce mouvement, estiment que l'essentiel au théâtre est de suggérer, non de montrer, et que le meilleur moyen d'atteindre à la suggestivité est de réduire à leur minimum les éléments de la mise en scène en accordant l'importance primordiale au texte. Ce sont des idées analogues que Jacques Copeau appliquera dans sa tentative de rénovation dramatique du Vieux Colombier. *L'Annonce faite à Marie* figure parmi les premières œuvres jouées à Helleraü. Avec l'autorisation de Paul Claudel, la pièce a été adaptée à une époque, à des lieux et à des mœurs qui correspondent à l'Histoire allemande ; mais cette adaptation hâtive et maladroite est loin d'être satisfaisante. La représentation sera donnée le 5 octobre 1913 en présence de Jules Cambon, Ambassadeur de France, et du prince Jean-Georges de Saxe, frère du roi de Saxe. Le compte-rendu de la manifestation dans *le Temps* du 7 octobre 1913 se termine par ces mots : ' L'œuvre de Claudel est aujourd'hui de celles que le public littéraire de Berlin apprécie plus aisément et goûte même plus complètement, semble-t-il, que le public de Paris. ' » (*Id.*, p. 358-359). Sur Helleraü, voir de nombreux documents in «Correspondance Paul Claudel — Darius Milhaud », *Cahiers Paul Claudel III*, Gallimard, 1961 et in *Cahiers Paul Claudel V, op. cit.*

20

Cher ami

J'ai la douleur de vous faire part de la mort de mon pauvre père, décédé subitement à l'âge de 87 ans. Pour cela et d'autres raisons je viens de passer quelques moments pénibles[1]. — Merci pour la traduction de l'Art poétique, qui, autant que je puisse en juger, me paraît excellente, non moins que l'introduction[2].

— Vous ne m'avez pas dit combien je vous dois pour la belle reliure de « Connaissance de l'Est » ?

Je vous serre la main. Que la joie Pascale soit avec vous !

P. Claudel

Carte postale. Le cachet de la poste indique : « Francfort s/Main 18.3.13 »

1. Le 3 mars 1913, Paul Claudel écrivait à Frizeau (*op. cit.*, p. 257) :
« Cher Ami, Mon père est mort la nuit dernière, sans s'être confessé malgré l'intention qu'il en avait manifestée à plusieurs reprises. Il ne s'est pas vu mourir. Trop confiant, j'ai quitté Francfort trop tard et je suis arrivé quelques heures après la mort. C'est un remords pour toute ma vie. Priez pour la pauvre âme et pour moi ».
Il consigne dans son *Journal* (*op. cit.*, p. 247) : « Mon père gravement malade depuis une semaine — je recule de partir sans raison, par paresse, par désir secret d'arriver trop tard. Le I[er mars] télégramme urgent. Je pars le soir. Sur la Marne aurore admirable de ce dimanche du *Laetare* — A pied jusqu'à Villeneuve. Arrivé 8 1/2. Mon père mort presque subitement à 3 h. du matin, sans s'être confessé, bien qu'à plusieurs reprises il en ait manifesté le désir. La figure jaune, l'air recueilli, self-communing, le froid mortel de ce cadavre.
On fait la fosse entre 2 contreforts de l'église. 2 mètres de pierres à enlever. La mise en bière. L'enterrement le 4.
Camille mise à Ville-Evrard le 10 [mars] au matin. J'ai été bien misérable toute cette semaine ».

2. Paul Claudel — *Arte Poetica. Conoscenza del tempo, tratatto della co-nascenza al mondo e di se stesso*, traduzione autorizzata con introduzione a cura di Piero Jahier. Biblioteca di Filosofia Contemporanea. Diretta da Odoardo Campa — vol. 2. Libreria editrice milanese, Milano, 1913. Introduction de 18 pages. Bibliographie des œuvres de Paul Claudel. Arrigo Levasti dans un compte-rendu indique : « la traduction italienne de l'*Art Poétique* de Claudel n'a pas donné lieu à autant d'articles polémiques comme *Partage de Midi* en 1912 » (*Bolletino filosofico*, organo della « Biblioteca filosofica » de Florence, janvier-février 1914).

113

21

Hambourg 30-12-13

Merci de vos vœux, mon cher Jahyer, que je vous retourne de tout cœur.

P. C.

Carte postale — Paul Claudel a été nommé, en octobre 1913, Consul général de France à Hambourg, poste qu'il occupera jusqu'à la déclaration de guerre, le 2 août 1914.

22

H[ambourg] le 6 juillet 1914

Cher ami

On me demande de jouer « l'Otage » en Italie (v. la lettre ci-joint)[1]. Là ou ailleurs on jouera certainement cette pièce qui a eu le succès énorme que v. savez[2]. J'aimerais que ce soit vous qui la traduisiez et qui v. occupiez de son avenir transalpin. Tâchez de v. entendre avec un éditeur[3].

Je v. serre la main.

P. Cl.

1. Lettre de Mario Fumagalli (lettre n° 23).

2. *L'Otage* est représenté par le Théâtre de l'Œuvre — Lugné-Poe, à la salle Malakoff, avec une mise en scène de Lugné-Poe, en soirée du 5 au 9 juin, plus une matinée le 11 juin. Le succès est tel que la pièce est reprise à l'Odéon les 18, 19 et 20 juin. René Farabet écrit : « Le succès de cette reprise est absolu. Lugné-Poe écrit à Régis Gignoux : « Notre courte série de l'Odéon s'est terminée sur d'admirables recettes et devant un public enthousiaste « (*Cahiers Paul Claudel, V, op. cit.*, p. 158-159 et *passim*).

3. La pièce sera représentée en Italie en 1926, par la compagnie Gualtiero Tumiati, sur une traduction d'Alexandre Varaldo et de Letizia Celli.

23

Monsieur

J'ose espérer que mon nom ne vous est pas tout à fait inconnu. J'ai lu votre grand succès dans la pièce nouvelle. Je vous serais très reconnaissant si vous vouliez bien me l'envoyer à lire en me disant si vous me permettez de la traduire et représenter en Italie.

Je serai de 1 à 7 juillet teatro Massimo Salerno de 11-21 juillet théâtre Biondo, Parlermo.

Agréez, Monsieur, l'expression de toute mon admiration.

Mario Fumagalli.
25 juin 1914.

Papier à en-tête : « Tournée Mario Fumagalli — Direzione ». Lettre jointe à la précédente. Mario Fumagalli (1869-1937) dirigeait la compagnie de sa femme, Teresa Franchini. Il s'efforce de renouveller la scène italienne dans le sens d'un « théâtre poétique ». Il créa avec un grand succès, le 27 mars 1905, *la Fiaccola sotto il moggio* de D'Annunzio au « Manzoni » de Milan et le 10 avril 1909, toujours de D'Annunzio, *la Fedra*, également à Milan. Pour des raisons sans doute liées à la guerre, le projet de création de la pièce de Claudel n'eût pas de suite et c'est finalement une autre troupe qui la représenta en Italie (voir lettre précédente, note 3).

24

Paris, 30 janvier 1915

Mon cher Jahyer

Merci de votre souvenir et de l'Almanach, (où je n'ai aucune objection à voir ma physionomie)[1].

Si vous étiez comme nous le sommes en guerre depuis 6 mois, tous frappés plus ou moins dans nos biens, dans nos affections les plus chères, dans l'âme même de la patrie, tous obligés de reconstruire une nouvelle échelle des valeurs où l'égoïsme et l'amour des choses de ce monde occupent la dernière place, vous reconnaîtriez que la main de Dieu n'est pas absente de cette guerre, — ni sa face sacrée, — ni son Cœur. Combien ce serait triste et ennuyeux si les choses se passaient toujours comme nous l'attendons dans notre petit sentiment bourgeois de ce « qui nous est dû ». Rien absolument ne nous est dû. Il n'y a[a] qu'une chose intéressante, c'est l'idée que le chemin vers Dieu est en ce moment plus court qu'il n'a jamais été. Celui qui part pour la guerre est en ce moment comme les enfants qui s'embarquent pour une expédition où doivent se passer des choses prodigieuses abracadabrantes, et qui n'auront point déçu[b].

Elle déleste notre âme à un tel point, que toute la mer comme celle[c] qui s'est déversée par tous les sabords dans le « Blücher » ou le « Good Hope » quand ils ont commencé à sombrer, ne suffirait point à le remplir[2]. — Et nous autres, nous avons l'espoir, car nous savons que nous combattons pour une cause juste et qui ne peut absolument pas être vaincue, pour le droit, pour la justice, pour la liberté des peuples, pour leur droit à l'existence, pour l'amitié qui les unit, pour le triomphe de Dieu, — contre la tyrannie, la barbarie la plus infâme, contre le matérialisme le plus abject et le plus grossier, contre le peuple le plus brutal et le plus stupide qui ait jamais existé. Tout notre espoir est que[d] pour cette cause sainte nous senti-

---

a. *Barré* : que quelque chose d'intéressant
b. et qui n'auront point déçu : *ajouté*
c. *Barré* : qui est entrée dans le
d. *Barré* : dans.

rons bientôt la jeune main de l'Italie frémir dans la nôtre comme sur les champs de Solférino et de Dijon.

Je suis chargé du service de la propagande. — Ci-joint quelques brochures que j'ai rédigées. Pardon du mauvais italien ![3]

Je vous serre la main

P. Claudel

Papier à en-tête : « Affaires Étrangères — Direction des Affaires politiques et commerciales ». Claudel est revenu à l'Administration centrale depuis la déclaration de guerre.

1. Dans l'*Almanacco della Voce 1915*, Firenze, Libreria della Voce, Claudel figure sous la rubrique « Dalle nostre edizioni » : un portrait « sous le harnais diplomatique » (Jahier a sans doute utilisé la photographie que Claudel lui avait donnée en 1912, voir lettre nº 4) un extrait de la traduction de *Partage de Midi* par Jahier, une bibliographie et les références de la traduction de *Partage de Midi* sous forme d'annonce de librairie.

2. *Le Blücher*, croiseur allemand commandé par le capitaine Erdmann, fut coulé lors de la bataille de Dogger-Bank dans la mer du Nord, le 24 janvier 1915 par les forces de l'amiral Beatty David. Cette perte déterminera la retraite des forces allemandes dans la mer du Nord. Le *Good Hope* faisait partie de la IVe escadre anglaise de croiseurs commandée par l'amiral Cradock. Le *Good Hope* fut coulé à pic par le *Scharnhorst* lors d'une bataille au large de Coronel (province de Concepcion du Chili).

3. Claudel écrit dans son *Journal* (*op. cit.*, p. 300) : « Je suis chargé de faire de petits tracts pour répondre à la propagande allemande dans les pays neutres ». Selon le témoignage de Henri Hoppenot (*Correspondance Paul Claudel — Darius Milhaud 1912-1953*, Gallimard, *Cahiers Paul Claudel III*, 1961, Préface, p. 8-9) c'est Claudel qui avait eu l'idée de ces tracts : « [...] petits tracts anonymes de deux pages, imprimés sur papier très mince, et dont le texte rédigé par lui dénonçait les atrocités allemandes, démontrait le bon droit des Alliés [...] Nous en expédiâmes par ballots à tous les postes diplomatiques et consulaires » — Paul Claudel demande « pardon pour le mauvais italien »... de ses services car lui-même parvenait à grand peine à lire la langue de Dante (voir lettres nº 9 et nº 15). L'Italien n'était pas, avant 1914 comme plus tard, une langue que l'on étudiait couramment en France.

Dans cette lettre, Claudel fait une propagande d'un style qui n'a jamais été celui de Piero Jahier, malgré les sentiments résolument interventionnistes de ce dernier. Ce mélange de moralisme, de spiritualisme et de patriotisme conviendrait mieux à un Lucien Gennari (voir notre première partie, p. 51-52).

25

24 Maggio 1915. Telegramma da Roma. — « Vive l'Italie. Tout mon cœur est avec vous en ce premier jour de guerre ».

Claudel écrit à cette occasion un poème « A l'Italie », publié dans *Autres poèmes durant la Guerre*, N.R.F., 1916 et repris in *Œuvre Poétique*, Gallimard, Bibliothèque de la Pléiade, 1957, p. 568. Cette dernière édition indique que ce poème aurait d'abord été publié dans le numéro du 29-30 avril 1915 du *Corriere della Sera*, mais nous n'avons pu le vérifier.

26

Rome, 5 nov[embre] 1915

Cher ami — Me voici de nouveau à Rome p. quelques mois, chargé d'une mission économique sur le développement possible des relations franco-italiennes. Je n'ai pas besoin de vous dire ma joie. J'espère être à même d'aller v. voir un de ces jours à Florence, et j'espère que vous-même aurez l'occasion de venir à Rome.

Je vous serre affectueusement la main

P. Claudel

Carte de « Lavigne Hôtel de Paris, Via Sistina, 72 ». Carte expédiée sous enveloppe.

Claudel note dans son *Journal* (*op. cit.*, p. 340) : « Le 21 septembre, j'apprends ma nomination à Rome, chargé d'une mission économique en vue d'étudier la place que la rupture des relations avec l'All[emagne] peut faire à la France en Italie ». Claudel était parti pour l'Italie le 27 octobre 1915. Il est sans doute arrivé à Rome le 30 ou le 31 octobre (*Journal*, *op. cit.*, p. 341). Il écrit rapidement à Jahier, marquant ainsi que celui-ci était parmi les personnes que Claudel comptait voir durant son séjour en Italie.

27

Rome, le 27 nov[embre] 1915.

Cher Jahyer,

J'ai reçu il y a quelques jours le n° de la Voce où vous rendez compte de v. entretiens avec moi, ou plutôt de pensées que v. poursuiviez vous-même à mon côté, pendant ces belles heures que nous avons marchées ensemble il y a qq. mois, sur les radieuses routes de votre pays. Ça va bien comme ça ! Le titre m'avait un peu fait peur ![1]

Est-ce bien vrai que vous ne *voulez* pas vivre dans la certitude ?[2] Et moi qui vous croyais un homme parfaitement sain, un vrai fils de la terre latine ! Il n'est pas commode de se dépêtrer de la malédiction protestante ! C'est vrai, je ne puis plus arriver aujourd'hui à comprendre comment l'on peut se passer de *certitude*, ou pour mieux dire de vérité, non plus que le corps ne se passe pas de pain ou les yeux de soleil. La vérité extérieure, celle que nous acceptons, celle que nous n'avons pas faite, celle qui s'impose à nous, comme toutes les autres vérités, c. à d. d'une manière fort souvent étrange, anguleuse, désagréable. « Il n'y a que la vérité qui blesse », quel sens profond dans ce proverbe français ! Il n'y a que la vérité qui fait mal parce qu'elle n'a pas été faite pour nous, mais pour elle, — à la différence de toutes les théories hérétiques et philosophiques savamment tripotées au goût du jour et qui *passent* comme une lettre à la poste. La vérité peut se passer de nous,

117

mais nous ne pouvons nous passer d'elle. L'état d'un homme qui ne la possède pas me semble si misérable, si affreux, qu'il m'est impossible même de l'imaginer. Laissez-moi espérer, mon cher Jahyer, que votre sort n'est pas celui là : vous êtes un enfant du 20e siècle et non pas du 19e. C'en est bien fini du scepticisme, du dilettantisme, de la fumée de cigarettes, mais aussi de ce matérialisme grossier qui n'est réellement fait que pour les Allemands. Mais alors quoi ? Il faut absolument renoncer à s'habiter soi-même, à croire au sérieux des choses qu'on a soi-même inventées ou aménagées. La sagesse chrétienne a une devise exactement contraire à celle de la sagesse païenne : Non pas : *Connais-toi toi-même*, mais au contraire, surtout, oh surtout, n'essaye pas de te connaître toi-même ! *Oublie-toi toi-même*. Va vers le soleil hors de toi, qui est une chose infiniment[a] plus intéressante. Qui dit le soleil ne dit pas un vain brouillard, mais une chose toute ronde avec une quantité de propriétés précises qui sont la matière d'un tas de sciences. Et quoique nous ne le voyions pas, c'est lui qui nous fait tout voir.

Après quelques jours de pluie, le temps s'est mis au beau. Dieu, que Rome est belle ! Je me suis mis à mon nouveau drame dont j'ai écrit la première scène, mais dont l'action me force absolument à me faire une idée du peuple italien[3]. En réfléchissant à son histoire, il me semble que c'est le peuple le plus républicain, le plus individualiste qui ait jamais existé. (Il avait cela dans le sang, depuis l'antiquité). Peuple étroit, violent, astucieux et sobre[b] comme les montagnards, médiocrement tendre, limité par les montagnes et les compartiments qui se dressent de toute part autour de lui, l'unité de l'Italie étant plutôt de contours que d'organes, puissamment intéressé par les choses les plus voisines, par ses passions de bande et de famille et laissant longtemps[e] aux combinaisons de la diplomatie, de la force ou des héritages princiers le soin d'assurer l'air nécessaire à ses mouvements. La tâche de l'Italie pendant des siècles a été d'être une pépinière d'individus, la plus épatante qui ait jamais existé. Aujourd'hui l'équilibre du monde ayant changé, les antiques combinaisons ne pouvant plus valoir, il fallait que l'Italié s'unifiât. Mais il est contraire à son génie qu'elle l'ait fait sur le type Napoléonien. J'espère qu'elle sera la première à nous donner la formule de l'avenir, d'une véritable république basée sur une forte organisation à la fois provinciale et professionnelle. — Je comprends aussi l'importance qu'a pour vous la Méditerranée. Les autres peuples y touchent, mais vous vous êtes dedans.

C'est pourquoi votre intervention dans les Balkans serait si nécessaire. C'est autrement important que Trento pour vous. C'est de ce côté que

---

a. *Barré* : différente ; *ajouté* : plus intéressante
b. *ajouté* : et sobre
c. *ajouté* : longtemps

s'ouvre la vieille route du Levant, la fortune de Venise. L'Italie est solidaire du Levant pour le magnifique développement qui lui est dû.

Je vous serre bien affectueusement la main.

Paul Claudel

Et je n'ai pas besoin de vous dire, à cette heure assez sombre, que je suis toujours et absolument confiant, confiant plus que jamais dans la victoire finale. Comme artiste, je suis depuis un an devant ce qui se passe, comme devant l'œuvre de quelqu'un du même métier, mais infiniment plus fort que vous. Ca surprend d'abord, ça choque, ça démoralise, mais à la réflexion on comprend que c'est mieux ainsi et que ça ne pouvait pas être autrement. Cette guerre commencée en France et qui va maintenant se terminer en Orient, du côté de Constantinople et de Jérusalem, quelle idée épatante ! Que c'est beau ? De la Marne à l'Isonzo, à la Duina, à Bagdad, à la Grèce, un vaste drame d'un seul tenant, où prend part toute l'humanité, que c'est beau ! Et que c'est beau aussi la part que votre pays y prend ! Pensez que s'il avait tenu à Giolitti, il aurait joué le rôle de cette triste Grèce ![4]

Papier à en-tête : « Mission économique en Italie »

1. Il s'agit de l'article « Con Claudel », *La Voce*, Firenze, 15 juin 1915, repris in P. Jahier *Con Claudel, op. cit.*

2. Note de Jahier (« Ricordo di Claudel », *art. cit.*) : « Claudel avait mal compris. Je disais dans ces pages que marchant à ses côtés cette nuit à l'Imprunetta à Florence je sentais, continuelle et insistante, sa silencieuse interrogation à mon âme sur l'unique chose qui lui importât et sa condamnation, parce que je n'entendais pas trahir le tragique mystérieux de l'univers, pour composer une vision heureuse (ou doublement angoissée) à ma petite âme. C'était son insistance sur le tu ne veux pas (croire — vivre dans la certitude) qui m'avait blessé ».
Voir la phrase de « Con Claudel » auquel il est fait ici allusion dans notre première partie, p. 49. Dans la note que Claudel consacre à cette soirée dans son *Journal* on ne trouve aucune trace de ce débat (voir notre première partie, p. 49 note 1). En fait, il s'agit bien de pensées que Jahier poursuivait à côté de Claudel et il est fort probable que celui-ci n'en ait rien su sur le moment. Dans les deux textes relatifs à ce fait, celui que nous venons de citer et l'article « Ricordo di Claudel », Jahier dit toujours « *sentivo* ». Jahier éprouve une sorte de gêne devant la foi proclamée de Claudel : « Je sentais que ces pensées [celles auxquelles Claudel fait allusion dans sa lettre et qui restent informulées], son âme vibrante les percevait à leur naissance même dans ma conscience, et les réprouvait avec la colère d'un inquisiteur, tant j'étais conscient, au-delà de toute vaine parole, de cette unique et insistante interrogation à laquelle avait abouti notre correspondance, de trois ans : « Pourquoi ne veux-tu pas vivre dans la certitude ? » (« Ricordo di Claudel » *art. cit*).

3. Claudel a eu l'idée du *Père humilié* en mai 1915, à Rome (voir *Journal, op. cit.*, p. 322 : « 17 mai 1915 [...] Le matin en allant à Saint-Pierre, plusieurs idées importantes. La figure de mon drame se précise. L'aveugle, l'ami, la main »). Il commence à l'écrire en novembre 1915 (voir la lettre à Frizeau, citée par J. Madaule et J. Petit in P. Claudel, *Théâtre*, Gallimard, Bibliothèque de la Pléiade, 1965, t. II, p. 1452).
Dans une interview donnée à Bruxelles le 10 février 1935 (citée par J. Cl. Berton in *Claudel diplomate*, Gallimard, *Cahiers Paul Claudel, IV*, 1962, p. 150) il déclarera : « Je garde de mon séjour en Italie un très grand souvenir, surtout parce que, amené à étudier les questions agricoles, je me suis approché du peuple des campagnes. J'ai appris

à la connaître. Le paysan italien, travailleur, honnête, profondément attaché à la famille et à la terre, est l'un des types humains que j'estime le plus ».

Pierre Renouvin confirme cette sympathie en nous apprenant que les rapports diplomatiques de Claudel « se bornent à rechercher les causes des succès remportés en Italie par les exportateurs allemands et à dessiner les perspectives d'avenir, — l'électrification de l'industrie ; la place que tiendront les ports de Brindisi et de Bari dans le commerce méditerranéen — à évoquer enfin les difficultés et les souffrances des paysans des Pouilles. Il n'est question ni de psychologie collective, ni de politique » (Pierre Renouvin, « Les Horizons diplomatiques », in *Claudel Diplomate*, *op. cit.*, p. 36-37).

4. *La Voce*, qui s'était rapprochée de Giolitti en 1911, était de plus en plus violemment opposée à la politique de Giolitti depuis la déclaration de guerre en 1914. Mais cette volonté d'intervention s'appuie surtout sur une conception « romantique » du nationalisme (opposition à l'Empire Austro-Hongrois) et un climat culturel « hostile au pacifisme et exaltant, souvent de façon confuse, la force et la tension morale du sacrifice » (Giampiero Carocci, *Giolitti e l'età giolittiana*, Torino, Einaudi, 1961, p. 171). Le jugement que Claudel porte sur Giolitti garde cette tonalité et ne tient pas compte du fait qu'avant de décider de suivre une politique d'intervention, Salandra a longuement hésité et que, depuis juin 1915, le gouvernement italien ne s'est pas résolument engagé dans la guerre. Il a déclaré la guerre à l'Autriche-Hongrie mais non à l'Allemagne. Piero Jahier était animé par les sentiments exaltés des partisans de l'intervention, à preuve le texte qu'il écrivait peu après la campagne neutraliste de Giolitti d'avril-mai 1915 :
« Questo popolo, per l'onore, era capace di morire.
Giovanni Giolitti non lo può rappresentare
Giuro che questo popolo non è mai stato rappresentato ».
(« Con Claudel », *La Voce*, 15 juin 1915).
(« Ce peuple, pour l'honneur, était capable de mourir.
Giovanni Giolitti ne peut pas le représenter
Le pire que ce peuple n'a jamais été représenté »).

28

Rome, le 1ᵉ déc. 1915
19 Corso d'Italia

Mon cher Jahyer,

On m'a signalé l'intérêt pour ma mission de différents ouvrages que peut-être vous aurez la bonté de me procurer. Ce sont :

G. Preziosi — Germania alla conquista dell'Italia
        La Banca Commle[1]
Ezio Gray L'invasione tedesca in Italia — Bemporad — Florence[2]
Baccio Bacci L'artiglio tedesco (Firenze, Gonnelli ed°)[3]
Fr. Nitti Il capitale straniero in Italia, Libreria Laterza, Bari[4].

Je vous rembourserai immédiatement le prix de ces ouvrages dès que vous me l'aurez indiqué.

Merci d'avance !

Bien affectueusement vôtre

P. Claudel.

Note de la main de P. Jahier :

Nencini — Questi libri, insieme a qualche altro sul capitale straniero in Italia e i numeri della Riforma sociale[5] e Voce[6] in cui vi si accenna, debbono esser spediti a *Paul Claudel*, 19 Corso d'Italia, *Roma*.

1. Giovanni Preziosi, *La Germania alla conquista dell' Italia*, con prefazione di G. A. Colonna di Cesarò e nota di Maffeo Pantaleoni, Firenze, Libreria della Voce, 1915, in 8°, p. 110. Giovanni Preziosi, *La banca commerciale e la penetrazione tedesca in Francia e in Inghilterra*, con prefazione di Maffeo Pantaleoni, Roma, Tip. ed. Italia, 1915, p. VI-59.

2. Ezio Gray, *L'invasione tedesca in Italia*, Firenze, Bemporad, 1915, 8°, p. 237.

3. Baccio Bacci, *L'artiglio tedesco*, Firenze, Gonnelli, 1915, 8°, p. VII-330.

4. Francesco Nitti, *Il capitale straniero in Italia*, Bari, Laterza, 1915, 8°, p. 156.

5. *Riforma sociale*, rassegna di scienze sociali e politiche, Torino-Roma, 1894-1935.

6. Il s'agit de *La Voce*, edizione politica, voir lettre suivante, note 1.

29

2 Décembre 15

Très cher maître et ami, sur toutes choses je désire de vivre dans la certitude. J'aurais honte d'arranger la vérité[a] à la mesure de ma faiblesse. Il y a une vérité à recevoir, une vérité hors de nous, comme hors de nous toutes les choses essentielles, inexorables : savoir les saisons, les âges de l'homme,... choses reçues. Ce que vous avez crû de ma conscience jusqu'à ce jour est donc vrai.

Mais la phrase qui vous a surpris « *perché non vuoi vivere nella certezza* ? » se rapporte à la certitude *ecclésiastique* dont vous me parliez ce matin à Francfort, comme d'une nécessité absolue.

Eh bien, cher maître, je crois que le Dieu du Christ qui m'a formé pour la vérité (« inquietum est cor nostrum donec requiescat in te ») accueille ma prière solitaire en dehors de toute église, lui même qui a soutenu ma faiblesse pendant cette longue année si durement amère. Et s'il devait m'abandonner parce que je n'appartiens à aucune église, moi-même je ne l'abandonnerai pas.

Pardonnez-moi[b], cher maître auquel je dois tant, mais je crains parfois que vous ne soyez *romain* avant d'être *chrétien*, et que l'amour de l'institution « cujus regio, hujus religio » ne soit en vous plus grand que la charité Est-ce possible ?

_____

a. *Texte de la copie conservée par Jahier* : une vérité quelconque
b. *Ibid.* : Pardon *et la citation latine est absente.*

Vous me parlez de malédiction protestante. Or, les 39 maudits hérétiques de mon nom « JAHIER » qui ont souffert le martyre pour la foi[a] dans les montagnes du Piémont, sont morts aussi bien pour moi que pour vous, car ils sont morts pour l'Église catholique triomphante, si ce n'est pour l'Église catholique militante qui les persécuta[b]. Cependant ma foi est encore bien faible et chancelante. Je viens de la recouvrer[c]

Ne m'oubliez pas dans vos prières.

Je vous fais envoyer immédiatement les livres. — « La Voce » a, à Rome, un bureau politique et une édition politique spéciale — très intéressante pour connaître la vie écon. italienne — et ses besoins actuels[1].

J'ai écrit à M. *Zagari*[2] — secrétaire de Rédaction qui va vous chercher et pourra vous fournir des renseignements très précieux pour votre mission — ainsi que M. le prof De Viti de Marco député radical très influent et économiste distingué, qui dirige actuellement la Voce en l'absence de M. Prezzolini qui est sur le front.

Le Bureau de « La Voce politica » est à Via dei Gracchi. C'est là que réside provisoirement la *Ligue Anglo-italienne.*

La Voce est *anti protectionniste, libériste à l'anglaise, antibureaucratique,* favorable à une décentralisation administrative régionale.

Ce que vous m'écrivez sur le peuple italien est très intéressant et foncièrement juste.

Mais il faudra que nous en causions ensemble, si, comme je l'espère, je viens à Rome, quelques jours au nouvel an, vous voir.

Pas moyen de partir avant.

Ma journée très sombre dévorée par mon bureau me défend toute pensée profitable surtout l'hiver.

J'entre à 8 h et sors à 7 1/2, à présent.

Je vous serre affectueusement la main.

Piero Jahier.

Casa Rossa - 9 via Saffi.

---

a. *Ibid.* : la foi chrétienne
b. *Ibid.* : exécuta. *La reproduction de cette copie s'arrête là.*
c. *Ajouté* : Je viens de la recouvrer.

Piero Jahier répond aux deux lettres de Claudel, celle du 27 novembre et celle du 1er décembre (n° 27 et 28). Nous possédons une copie, conservée par Jahier, de la première partie de cette lettre : Jahier l'a publiée dans son *Con Claudel, op. cit.,* p. 95-96, et il l'a reproduite dans le choix, très restreint, qu'il a donné de sa correspondance avec Claudel dans le numéro d'hommage de *la Nouvelle Nouvelle Revue Française* (septembre 1955, p. 632-633). Il précise que c'est là la seule copie de ses réponses qu'il possède : « Non possiedo, dal canto mio, che la copia velina di una sola risposta. E' quella relativa alla prima parte di questa lettera ». Jahier semble avoir négligé de recopier la seconde partie de sa lettre : tout cela paraît montrer que la lettre de Claudel du 27 novembre 1915 avait blessé très profondément le jeune Jahier. Pour nous, il est clair que Piero Jahier exprime ici une conception de la foi chrétienne beaucoup moins sectaire que celle de Claudel.

La situation de Jahier vis-à-vis de Claudel est bien, sur le plan religieux, comparable à celle des hérétiques vaudois par rapport aux catholiques.

Piero Jahier ne se réfère pas directement à la doctrine de Valdès puisque l'on sait que les communautés vaudoises ont adopté les doctrines des réformateurs en 1532. Ils ont alors abandonné l'usage cultuel et culturel de l'occitan pour utiliser la Bible d'Olivetan (Neuchâtel, 1535). Sur ce sujet, voir Joan-Batista Seguin, « La reforma protestanta del sègle XVI e las ' lengas vulgaras ' », *Annales de l'Institut d'Études occitanes*, Toulouse, 1968. Selon Jean Jalla (« Données généalogiques sur la famille des capitaines et des pasteurs Jahier », *Bulletin de la Société d'histoire vaudoise*, Torre Pellice, avril 1915), la famille Jahier, de Pramol, passe du catholicisme à la Réforme aux environs de 1573. Il ne nous a pas été possible de découvrir selon quels critères Piero Jahier s'est arrêté à ce nombre de 39 hérétiques de son nom martyrisés. Quoi qu'il en soit, les persécutions dont les Réformés des vallées occitanes du Piémont furent victimes à cause de leur foi sont très nombreuses tout au long de leur histoire et jusqu'au XIXᵉ siècle. Les massacres des Pâques piémontaises (avril 1655) perpétués dans les vallées vaudoises par les troupes de Victor Amédée Iᵉʳ sont restés célèbres. Mais il y en eut d'autres, ceux de la « Débâcle » de 1686 par exemple. Cette année là, les troupes françaises, du général Nicolas de Catinat, entrées en Piémont sous prétexte d'aider le duc Victor Amédée II, imposèrent au pays l'application la plus rigoureuse des décisions découlant de la révocation de l'édit de Nantes. Le village de Pramol, qui encore aujourd'hui est presque entièrement peuplé d'habitants portant le nom de Jahier, fut cruellement traité. Au cours de cette expédition, le général Catinat captura 13 000 vaudois (le 9 mai 1686, Catinat écrit à Louvois : « Les Vallées sont désertes »). Seuls 1 500 survivants purent se réfugier à Genève l'année suivante. (Cette note a été rédigée avec l'aide des renseignements aimablement communiqués par MM. Enrico Jahier, Oswaldo Coïsson et Christian Anatole).

1. *La Voce*, edizione politica, Roma, cahiers bimensuels édités par « La Libreria della Voce ». Giuseppe Prezzolini dirige les quatre premiers numéros (le nᵒ 1 paraît le 7 mai 1915). A partir du nᵒ 5, Antonio de Viti de Marco assume la direction. Le dernier numéro paraît le 31 décembre 1915.

Dans le « Programma », publié dans le premier numéro, G. Prezzolini, qui semble être l'auteur de ces pages, « montre dans le libéralisme l'idée-force de la revue, un libéralisme qui n'est plus seulement une solution pratique du problème douanier, mais ' une attitude d'esprit ', un symbole qui résumera toujours mieux d'une part les raisons de principe attribuées à la guerre et, d'autre part, le mouvement de révolte, qui n'a pas été seulement politique, qui l'a imposée au Parlement et au pays ». (Introduzione, di Francesco Golzio e Augusto Guerra, *La Cultura italiana del '900 attraverso le riviste*, vol. V, « L'Unità », « La Voce politica », Torino, Einaudi, 1962, p. 103).

Il s'agit-là, selon l'étude citée, d'une sorte de nationalisme spiritualisé, et leurs auteurs notent des manifestations typiques de l'irrationalisme : « la revendication de la violence comme expérience éthique supérieure, l'inflation décadente de l'écriture, voire une manière toute littéraire de s'approcher de la mort » (p. 107)

2. Guglielmo Zagari, né à Palmi (Reggio Calabria) en 1885. Avocat, organisa à Rome la publication de *la Voce politica*, puis, ensuite, il sera rédacteur en chef de *l'Unità* dans sa période romaine.

30

Rome, le 3 déc. 1915
Corso d'Italia 19

Cher ami

Ne m'en veuillez pas. Dans les choses qui m'intéressent violemment, passionnément, malgré toutes les résolutions que j'ai prises, il m'arrive trop souvent de faire éruption, sans autre résultat que de blesser mes meilleurs amis, ce qui n'est pas précisément le résultat que je cherchais. Pardon.

Mais aussi je sens profondément que je suis dans la situation d'un sourd-muet qui[a] a quelque chose de très important à dire, qui sait ce qu'il a à dire, c'est vrai, et qui malgré tous ses efforts ne parvient absolument pas à se faire comprendre, et ne réussit qu'à étonner et à choquer. Quel dommage de voir une belle nature comme la[b] vôtre, quelqu'un de fait pour une grande action pratique, pour être conducteur d'hommes, privé de ce grand dévoue-ment à une cause qui fait sortir de l'âme tout ce qui s'y trouve et mille autres choses qu'on n'y soupçonnait pas. Et quelle autre cause que celle de la vérité ?

La Vérité ! C'est là précisément, ce qui est la raison de notre malentendu. C'est[c] votre mot de *certitude* qui m'a touché au vif, et où je voyais une des grandes erreurs modernes que je qualifie de « malédiction protestante » (sans penser à[d] vos aïeux, mon cher Jahyer !) La *certitude* est un état inté-rieur, la *vérité* est un fait extérieur qui s'impose à nous. Il est différent de croire à une chose parce qu'on en est *certain*, et il est différent d'y croire parce qu'elle est *vraie*. La malédiction protestante, c'est le subjectivisme, c'est de croire que la conscience suffit, et que chaque homme en[e] descendant en lui-même et en se confiant à ses propres[f] ressources, peut trouver des éléments suffisants de lumière et de progrès. C'est là un principe faux et malfaisant, en art, en morale et en religion. Se prendre soi-même pour secours, pour juge et pour spectateur, — *se regarder*, — cela conduit en art à l'art pour l'art, en morale à une espèce de molle gymnastique callis-thénique, et en religion, pour les uns au scrupule, et pour les autres à une complaisance pharisaïque[1].

La religion au contraire, c'est nos rapports avec quelqu'un d'extérieur, de prodigieusement vivant, d'intelligent[g] et intéressant, de si surprenant[h] qu'il paraît presque hostile, d'une sagesse spéciale, mais surtout de *précis* et de terriblement exigeant, comme l'est la montagne. Penser à soi-même ! c'est comme si un soldat pensait à soi-même quand il sort de la tranchée[i], ou un alpiniste quand il a à négocier certains passages dangereux. Dans les grandes occasions on ne peut rien faire de mieux que de s'oublier soi-même : dans les autres aussi, mais est-ce là une chose facile ? Si vous regardez un chef d'œuvre, ou un théorème de géométrie, vous n'aurez aucune peine

---

a. *Barré* : sent profondément
b. *Surcharge illisible*
c. *Barré* : vous de
d. *Barré* : aux vôtres
e. *Barré* : se
f. *Barré* : lumières
g. *Barré* : d'
h. *Barré* : en dépit des apparences.
i. *Ajouté* : quand il sort de la tranchée.

à vous oublier vous-même. Mais pas si vous regardez un mur blanc ou même un paysage, si vous le regardez en touriste, et non pas en topographe ou en agriculteur. — Tout de même, quelle étrange situation ! Je parais excessif et anormal simplement parce que je voudrais rendre au fait appelé Dieu, l'importance qu'il a toujours eue dans l'histoire de toutes les humanités, de même que sur la nature a toujours existé ce petit rond que nous appelons le soleil. Et introduire cette modeste proposition que si Dieu existe, nous avons peut-être envers lui des devoirs et des obligations précis, non pas ceux-là seulement qu'il nous a plu à nous même d'imaginer et de déterminer, et non pas seulement un simple assentiment d'amateur. — Mais excusez-moi, voilà que de nouveau je me suis laissé emporter où je ne voulais pas. Tenez ceci pour non écrit. Mais croyez qu'il y a bien des manières d'avoir pour les gens de l'amitié et de l'estime, et que la plus mauvaise n'est pas souvent celle qui paraît un peu dure.

Ecclésiastique ! c'est tout de même un beau mot, mon cher Jahyer ! Une église !ª être tous ensemble, des hommes, des frères, manger le même pain, être soumis à un même ordre raisonnable, — et tout cela au milieu de toutes les défectuosités[b] et absurdités inséparables de notre séjour humain, qui, loin de scandaliser des esprits raisonnables, le rendent à la fois pour eux pathétique et amusant. Faire une église avec des pierres, ce n'est pas difficile. Mais la faire solide et indestructible avec des gens qui comme vous et comme moi, tiennent à leurs propres idées, c'est tout de même quelque chose d'assez remarquable

Je serai tout à fait heureux de vous voir. J'aurai bien des choses à vous demander. J'ai de grands projets en tête, entre autres celui d'une Union Douanière entre la France et l'Italie, qui rendrait la Méditerranée aux Latins, et les ferait maîtres de la principale position du monde, entre trois continents, l'estuaire, le débouché de la terre entière. Au fond c'est le principe moderne de l'entente, du cartel, substitué à celui de la concurrence. Cela n'est pas du rêve, c'est une nécessité qui, après la guerre, s'imposera aux deux peuples. Après la guerre, seront constitués quelques grands blocs au milieu desquels il sera impossible que la France et l'Italie subsistent isolées. Il faudra que la France subisse une nouvelle transfusion de sang latin, après l'effroyable saignée qu'elle aura subie[2].

Merci pour les livres que vous m'annoncez ! Les deux personnes dont vous me parlez résident-elles à Rome ? Je vous serre affectueusement la main. Oubliez mes divagations ! Mes hommages à Madame Jahyer et une caresse à Kiko[3].

P. Claudel

---

a. *Ajouté* : une église !
b. *Barré* : tristesses

1. Note de Jahier (« Ricordo di Claudel », *op. cit.*) : « Ma leggiamo nelle *Cinq Grandes Odes* ' Magnificat ' : ' Soyez béni, mon Dieu, qui m'avez délivré des idoles. Et qui faites que je n'adore que vous seul — et non Isis ou Osiris — cu la Justice, ou le Progrès, ...ou l'Art, ou la Beauté... qui m'avez appelé par mon nom ' ».

2. Cf. Claudel, *Mémoires improvisés, op. cit.*, p. 336 : « Cette civilisation [chrétienne] n'a pas été faite pour être seule, elle a été faite pour répandre son influence dans le monde entier, et actuellement, la Méditerranée, c'est le monde entier ; elle n'a pas été découronnée, comme le dit Christophe Colomb, elle a été au contraire couronnée par les résultats magnifiques que produisent cette foi, cette civilisation chrétienne, cette civilisation humaine également, qui s'est agrégée à elle et qui, maintenant, s'étend à toutes les nations ».

3. Note de Jahier (« Ricordo di Claudel », *op. cit.*) : « Chicco » : C'était le diminutif du nom de son fils aîné, Guidubaldo, né le 4 septembre 1911 à Florence, via Pietro Carnesecchi, première habitation de Piero Jahier et de son épouse, Elena Rochat-Cordey, originaire de Lausanne (renseignements aimablement communiqués par M. Enrico Jahier).

31

Rome 29 déc. 1915
Via Corso d'Italia.

Cher Jahyer,

Bonne année, à vous et aux vôtres ! Je vous le dis du fond du cœur.
Ci-joint l'argent que je dois à « La Voce ». Pardon de vous l'avoir fait attendre si longtemps.
Je vous serre bien affectueusement la main.

P. Claudel

Piero Jahier ne semble pas avoir répondu à la lettre précédente de Claudel et celui-ci, qui craint sans doute de l'avoir offensé, lui adresse ses vœux.

32

Rome 7 janvier 1915 [sic, pour 1916]
(lendemain de la Béfana !)
19 Corso d'Italia

Cher Jahyer,

J'ai reçu votre lettre au moment où je partais pour assister à une messe Arménienne et à la bénédiction des Eaux. Je connais trop les raisons de répugnance, allant jusqu'à l'horreur qui sont les vôtres. Je dis que je les connais trop puisque ce sont elles qui pendant 4 ans m'ont empêché de faire le pas décisif et nécessaire. Et cependant si vous vous mettez froidement

en face de votre conscience v. verrez que tout cela n'est qu'instinct[a], sentiment, antipathie qui conviennent à une femme et non pas à un homme. Vous
me dites que vous êtes humble. Vous croyez l'être, mais vous ne l'êtes pas du
tout. Vous aimez Jésus-Christ, mais dans le fond vous vous préférez infiniment à lui-même ; à nous autres écrivains, les paroles coûtent peu et
l'imagination marche vite. Toute la société instituée par J.-C. repose sur
la charité, c. à d. sur l'amour non pas en parole seulement, mais en fait,
en organes où nous ne nous tenons pas seuls sur nous-mêmes, mais où
nous avons à recevoir, de Dieu d'abord, et de nos frères ensuite. Donner
et recevoir, en cela consiste l'amour. Donner et recevoir, quoi ? pas seulement, du pain, mais la vérité, et cette vérité, cette parole temporelle[b], de qui
ceux à qui nous la demandons, peuvent-ils la recevoir[c], non pas d'eux-
mêmes, mais de la Parole éternelle, qui les a[d] institués à cet effet et leur a
donné pouvoir et vocation ? Quelle joie d'avoir à recevoir d'un autre homme
quelque chose d'aussi immense que le pardon, que le pain, que l'explication ? Que la forme du nez de cet homme soit telle ou telle, qu'il soit soumis
à toutes les infirmités et à tous les ridicules de notre condition d'hommes,
que nous soyons portés à le juger sévèrement à mesure de notre propre
infaillibilité personnelle, tout cela n'a aucune importance. Vous êtes assez
grand et assez amateur de la vie pour l'aimer telle qu'elle est. — Je vous
écris tout cela pour l'avenir. Vous êtes jeune, vous avez des répulsions
violentes. Vous avez de la peine à préférer un autre à vous-même. Préférer
Dieu en paroles, cela n'est pas difficile. C'est déjà beaucoup que vous
croyiez en Jésus-Christ et que vous ayez repris l'habitude de la prière.
Il vous montrera toutes choses doucement et peu à peu. En attendant
pardonnez-moi ma propre rudesse, c'est vous qui m'y avez invité. — Je serai
sans doute à Milan le 24. Il y a une cérémonie franco-italienne où il est
peut-être utile que j'assiste. Si je puis repasser par Florence ce sera une
grande joie pour moi de vous revoir. — Ici je suis en train d'apprendre
quelque chose de bien grand dont je n'avais pas le sentiment jusqu'ici et qui
s'appelle la Beauté, c. à d. un certain[e] état de perfection intime et ambiante.
Les fresques de la Farsesina, les marbres du musée des Thermes, la colon-
nade de S Pierre quand au coucher du soleil elle a la couleur du froment,
tout cela met l'âme dans un certain état vraiment sacré[1].

Je vous serre bien affectueusement la main.

P. Claudel

---

a. *Barré* : que répugnance
b. cette parole temporelle : *ajouté*
c. *Barré* : sinon ; non pas d'eux-mêmes, mais : *ajouté*
d. *Barré* : qualifiés.
e. certain : *ajouté*

La date de cette lettre comporte une erreur, fréquente durant les premiers jours d'une
année nouvelle : Claudel a écrit 1915 au lieu de 1916. Il n'y a aucun doute possible à cet

égard : en 1915, au moment de la fête de l'Épiphanie, Claudel se trouvait à Paris et cette lettre s'insère dans la discussion religieuse engagée par les lettres nº 27, 29 et 30. Sans doute Piero Jahier a-t-il répondu, en recevant les vœux de Claudel, à la lettre du 3 décembre 1915 (nº 30). Nous avons perdu sa lettre mais il est aisé de voir, à travers ce qu'écrit Claudel, que Jahier était revenu sur sa répugnance à devoir entrer dans un système ecclésiastique, à passer par la médiation du prêtre, pour vivre sa foi chrétienne.

1. Le 31 décembre 1915, Claudel avait visité la Farnesina et les Thermes de Caracalla. Il note dans son *Journal* (*op. cit.*, p. 346-347) : « Promenade sur l'Aventin [...]. Le chemin tournant q[ui] descend de l'Aventin, Le Testaccio. Les chemins bordés de murs. Une église abandonnée où poussent les herbes. Ste Marguerite ; les Thermes de Caracalla. Retour par le Palatin. Un coucher de soleil jaune, le soleil dissous dans sa propre splendeur. Bonne fin d'année.

« Visite à la Farnesina. Admirables peintures de Raphael, l'histoire de Psyché. Raphael est le poète de l'azur, lui seul a créé des êtres qui soient dignes d'un ciel parfaitement bleu. Psyché si candide devant Jupiter avec les 2 colombes blanches qui battent des ailes derrière elle. Mercure volant Psyché sur un char. L'Amour que Jupiter baise sur le front. Le groupe des 3 femmes. Quelle peinture de béatitude ! Le Polyphème de Sebastiano del Piombo dans l'autre salle avec la mer d'un bleu de gentiane. — S-Pierre au coucher de soleil — »

Au début janvier 1916, Claudel va à Ostie et il note encore ceci sur ces journées d'un hiver ensoleillé : « Rome, avec ses églises, comme des réservoirs pleins de l'or du soleil couchant, pleins de feu et d'encens, avec des parvis couleur de rose trémière ». (*Journal*, *op. cit.*, p. 349).

33

Rome, 25-1-16
19 Corso d'Italia

Cher ami

Moi aussi, quand j'ai reçu votre lettre, j'avais un enfant malade à la maison, d'une petite fluxion de poitrine. Grâce à Dieu il va mieux. Donnez-moi des nouvelles des vôtres.

Cette maladie et la visite annoncée de Briand retarde le voyage que j'avais l'intention de faire dans le « Mezzogiorno ».

Oui, les nouvelles ne sont pas reluisantes et il n'y a pas de raison d'ici plusieurs mois d'en attendre de meilleures. Mais il faut faire bon cœur et bonne figure. La victoire approche quand même, soyez-en sûr. Notre forme de devoir est de mettre la confiance, l'espérance et la gaieté autour de nous.

Je vous serre bien affectueusement la main.

P. Claudel

Réponse à une lettre de Jahier perdue. Piero Jahier écrit dans son article « Ricordo di Claudel » : « Je n'ai plus revu Claudel. Je sais que, après la guerre, à l'époque du Concordat, il vint en Italie et chercha à me voir. Les fascistes le persuadèrent qu'il était inopportun de prendre contact avec qui ne croyait pas à l'Homme providentiel.

Ainsi, je n'ai pas pu savoir ce qu'il a pensé quand ces mêmes fascistes louèrent l'agression de l'Homme providentiel contre la France envahie ».

ANNEXE

LA TRADUCTION DE *PARTAGE DE MIDI* ET GUSTAVO BOTTA

La qualité poétique du texte de Claudel et la présence de quatre versions italiennes[1] rendent l'examen de la traduction de *Partage de Midi* particulièrement important.

Marisa Brecciaroli a donné dans sa thèse sur *I simbolisti francesi e la Voce : Claudel e Jahier*[2] un relevé des variantes existant entre les quatre versions de Jahier et l'exemplaire annoté par Gustavo Botta pour le 3e Acte et le « Cantique de Mesa », ainsi qu'une étude de ces diverses corrections. Nous donnons, à partir du relevé de Marisa Brecciaroli et dans une présentation typographique différente, les variantes pour le « Cantique de Mesa ». C'est, ainsi que nous le suggérons dans notre deuxième partie, une étude de l'ensemble des variantes, du problème de la traduction et des rapports de celle-ci avec l'évolution de l'écriture chez Jahier qu'il serait opportun d'entreprendre.

Nous donnons enfin, en complément à notre étude, un certain nombre de lettres de Gustavo Botta, Piero Jahier, Alessandro Casati et Giuseppe Prezzolini que Marisa Brecciaroli a retrouvées et publiées dans sa thèse. Elles éclairent les conditions dans lesquelles le travail de traduction de *Partage de Midi* a été mené à bien par Piero Jahier et, à ce titre, devaient figurer ici. Les exigences éditoriales françaises nous contraignent à traduire les documents en italien, comme nous l'avons fait tout au long de cette étude. Nous prions nos amis italiens de nous en excuser.

---

1. Voir notre Bibliographie, p. 149-150.
2. Milano, 1967, deux volumes dactylographiés.

I. CANTIQUE DE MESA

Variantes

ROM [souligné dans l'imprimé] : corrections de G. Botta

(rom) : version de 1902

[rom] : corrections de P. Jahier sur l'exemplaire de 1912

(*ital*) : version de 1949

    Lorsque, à un verset du texte français, correspond une autre disposition métrique, nous l'avons indiqué par une numérotation du verset suivie des lettres a, b, c... placée dans le texte là où intervient pour la première fois la coupure. Les indications entre parenthèses relatives aux versions de 1920 et de 1949 sont ainsi placées au moment où intervient la coupure si celle-ci n'existe pas dans le texte de 1912 ou à la fin du verset original (de 1912) dans le cas contraire.

Cantico di Mesa

Eccomi nella mia cappella ardente !

E d'ogni (*da ogni*) parte, a DESTRA E SINISTRA, vedo la foreste delle fiaccole CIRCONDARMI ! (che mi circonda !) [che mi circonda !] (*che mi circonda !*)

NON cere [i] accese [i] (Non sono cere accese) (Non *ceri accesi*), ma potenti astri (astri potenti), simili a grandi vergini fiammeggianti

Dinanzi (Davanti) (*Dinanzi*) alla faccia di Dio, come nelle sacre pitture si vede Maria che si ricusa ! (si rifiuta !) (*si ricusa !*)

E io, l'uomo, l'INTelligente (l'Intelligente) [l'Intelligente] (*l'Intelligente*)

Eccomi sdraiato sulla TERra (Terra) [Terra] (*Terra*), pronto a morire, come sopra un catafalco solenne,

Nel più profondo dell'universo e PROPRIO nel mezzo di questa bolla di stelle e dello sciame e del culto.

Vedo l'immenso clero della Notte coi suoi Vescovi e i suoi Patriarchi

E ho al disopra di me il Polo e ai miei fianchi il TAGLIO e l'Equatore degli animali BRULICANTI della distesa,

QUELLA che chiamano Via lattea, simile a una forte cintura !

Salve, mie sorelle ! nessuna di voi, brillaNTE ! (*brillanti !*)

Sopporta lo spirito, ma sola al centro di tutto la Terra

135

Ha GENERATO il suo uomo, e voi, un milione di pecore bianche
Voltate la testa verso di lei che è come il Pastore, e come il Messia
   dei mondi. (mondi !) [Mondi !] (*mondi !*)
Salve, stelle ! Eccomi solo ! Nessun prete circondato della pia confra-
   ternità [dalla] (*dalla*)
Verrà a portarmi il Viatico.
Ma già le porte del Cielo
Si rompono e l'esercito di tutti i Santi ALZANDO delle fiaccole (alzando
   fiaccole) (*alzando delle fiaccole*) nelle mani
S'avanza a incontrarmi, circondando l'Agnello terribile !
PERCHÉ ?
Perché quella donna ? perché la donna TUTT'A UN TRATTO su quella
   NAVE ?
Cosa viene a fare con noi ? forse avevamo (avevamo forse) [forse che
   avevam] (*avevamo forse*) bisogno di lei ? Voi solo !
Voi solo in me TUTT'A UN TRATTO alla NASCITA della VITA, (*Vita,*)
Siete stato in me la vittoria e la visitazione, il numero e lo stupore,
   la potenza, la maraviglia et il suono !
E quell'altra, forse ci crediamo (che si) [che] (*che crediamo*) in lei ?
   che la felicità sia tra le sue braccia ?
E un giorno avevo inventato di APPARTENERVI e di darmi
Ed era povera cose. Ma quel che potevo
L'ho fatto, mi son dato,
E non mi avete accettato e L'ALTRO ci ha presi.
30 E TRA UN ISTANTE vi [Vi] (*Vi*) vedrô e ne ho SPAVENTO
E TERRORE nell'OSSA delle mie ossa !
32a E mi interrogherete. MA anch'io
32b Vi interrogherò !
33a Non sono forse un uomo ?
33b Perché dunque fate il Dio con me ? (33) (*33a, 33b*)
   No, no mio Dio ! (No, no, mio Dio !) (*No, no mio Dio !*) No, non
   vi domando nulla !
   Siete PRESENTE e mi basta. SERBATE SOLO [pure] (*pure*) IL SILENZIO
36a Mio Dio, affinchè la vostra creatura COMPRENDA !
36b Chi si è ACCOSTATO [ha gustato il] (*ha gustato il*) vostro silenzio (36)
   (*36a, 36b*)
   Non ha bisogno di spiegazione.

Perché vi ho amato
Come si ama l'oro bello a vedersi (vedere) (*vedersi*) o un frutto, ma
   allora bisogna gettarcisi sopra !
40a La gloria rifiuta i curiosi, l'amore rifiuta gli olocausti bagnati.
40b Mio Dio, ho in esecrazione il mio orgoglio ! (40) (*40a, 40b*)

Senza dubbio non vi amavo come conviene, ma per l'accrescimento (*per accrescimento*) della mia scienza e del mio piacere.

E mi sono (son) (*son*) trovato dinanzi (davanti) (*dinanzi*) a Voi come chi s'accorge d'esser solo.

Ebbene ! ho rifatto conoscenza colla mia NULLITÀ, (col mio nulla) (*colla mia nullità*), ho riassaggiato la materia di cui son FORMATO.

Ho peccato fortemente.

E ora, salvatemi, mio Dio, perché basta ! (è abbastanza !) (*basta !*)

Siete voi dinuovo, son io ! E siete il mio Dio : (Dio, e so) [Dio e so] (*Dio e so*) so che sapete tutto.

E bacio la vostra mano paterna : eccomi (paterna ed eccomi) [paterna ed eccomi] (*paterna ed eccomi*) tra le vostre mani come una povera cosa sanguinante e schiacciata (!) [!] (*!*)

Come la canna sotta il cilindro, come la sansa sotto il frantoio.

Perchè ero un egoista, così mi punite (è così che mi punite) [e così...] (*e così mi punite*)

Coll'amore (Per mezzo dell'amore) (*Con l'amore*) spaventevole d'un altro !

Ah ! ora lo so [Ah ! ora so] (*Ah, ora so*) cosa è l'amore ! so cosa avete PATITO sulla vostra croce, nel tuo Cuore,

Se avete amato ognuno di noi

Terribilmente come ho amato [io] (*io*) quella donna, e il rantolo, e l'asfissia, e la morsa !

55   Ma l'amavo, mio Dio, e mi ha fatto questo !

(55b) (*55b*) L'amavo e non ho paura di voi.

Al disopra dell'amore

Non c'è nulla, NEANCHE VOI STESSO ! [e nemmeno voi stesso !] (*e nemmeno voi stesso* !) L'avete visto con che sete, o Dio, e STRIDOR DI denti

E secchezza [aridità] (*aridità*) e orrore ed estrazione,

MI ERO APPRESO A LEI ! (impradronito di lei !) [impossessato di lei !] (*impossessato di lei* !) E mi ha fatto questo !

Ah, ve ne intendete, lo sapete voi

Cos'è l'amore tradito ! Ah, non ho paura di voi ! (Voi !) [Voi !] (*Voi !*)

Grande è il mio delitto e (Il mio delitto è grande ma) (*Grande è il mio delitto*) e il mio amore più grande e la Vostra morte soltanto, o Padre mio, (*o Padre*)

La morte che mi accordate, la morta sola è di misura per tutti e due !

Moriamo dunque e usciamo da questo corpo miserabile !

Usciamo, anima mia, e d'uno [e con uno] (*e con uno*) SLANCIO SCHAN-TIAMO questa miserabile CARCASSA ! [spoglia !] (*spoglia !*)

Eccola già ROTTA PER METÀ, (mezza rotta) (*rotta a metà*) vestita come una carne al grappino, [appesa al gancio] (*appesa al gancio*) per terra come un frutto AMMACCATO.

Son proprio io ? QUESTA ROTTURA (rovina) [Questo rottame] (*Questo rottame*)

È opera della donna : la [lo] (*lo*) conservi per sé, e per me io me ne vo altrove.

Già essa mi aveva distrutto il mondo e nulla per me

Esisteva che non fosse lei ed ora (*lei, ed ora*) essa distrugge la mia stessa sostanza. (me stesso) (*la mia stessa sostanza.*)

Ed ecco (che) [che] (*che*) MI ACCORCIA il cammino.

Siatemi testimone che non mi COMPIACCIO IN ME STESSO !

Vedete bene non è possibile ! (che non è più possibile !) [che non è più possibile !] (*che non è più possibile !*)

E che non posso FARE A MENO D'AMARE, e subito, e non domani, ma sempre, e che ho bisogno della vita stessa, e della stessa sorgente,

Della differenza stessa e che non posso più

Non posso più sopportare d'esser (*d'essere*) sordo e morto !

Vedete bene che qui non son buono a nulla e SON (sono) MOLESTO ALLA GENTE (a tutti) [a tutta la gente] (*a tutta la gente*)

Per tutti sono uno scandalo e un'interrogazione.

E perciò riprendetemi e nascondetemi, o padre, nel vostro GIRONE ! (nel vostro grembo, o padre !) (*o padre, nel vostro girone !*)

II. LES RÉACTIONS DE GUSTAVO BOTTA

La première traduction de *Partage de Midi* par Piero Jahier provoqua une critique très précise du lettré intransigeant qu'était Gustavo Botta, l'un des premiers admirateurs de Claudel[1]. L'érudit milanais adressa une lettre à ce sujet avant le 13 janvier 1913 (puisque la réponse de Jahier est de cette date) non pas directement au traducteur mais à son éditeur, Giuseppe Prezzolini, directeur de *La Voce*. Nous n'avons pas pu avoir communication de l'autographe de ce texte, voici donc les passages reproduits par Carlo Martini dans son petit livre sur *La Voce*[2] :

« Pourquoi tant de hâte à faire connaître aux italiens qui ont beaucoup d'autres choses à découvrir, un drame admirable, certes, mais qui ne sera jamais populaire, un drame difficile que peu de gens parviennent à comprendre, que son traducteur lui-même, de toute évidence, ne comprend pas, pas plus que les critiques malgré leur assurance toute italienne et leur désinvolture. Monsieur Slataper écrit de grosses balourdises dans son article de la Voce. Pourquoi subsituer au plein chant d'un grand poète les approximations laborieuses et les balbutiements du petit Jahier ? Je serais plus indulgent avec lui si dans son travail apparaissait seulement son ignorance et sa maladresse : défaut qui, grâce à la force et l'illusion, restent souvent ignorés par qui en est affligé. Mais le laisser-aller et la négligence, non, je ne peux les excuser. Mais cette façon de traduire à peu près, à tort et à travers, à l'oreille serait déjà blamable pour une petite comédie quelconque. S'agissant d'une grande, pure, vraie et profonde œuvre d'art, c'est une faute grave. Il y a dans cette traduction, plus de vingt omissions, de phrases, de mots ; deux indications scéniques, brèves certes mais non dénuées d'intérêt, supprimées [...].

Et je ne parle pas des petites omissions, qui sont innombrables. Ce sont des nuances, je le sais bien, mais le traducteur ou bien ne les remarque pas dans le texte, ou bien ne parvient pas à les rendre dans sa version ou encore

---

1. Voir plus haut p. 10-11.
2. C. Martini, *La Voce, Storia e bibliografia*, Pisa, Nistri-Lischi, 1956, p. 196.

les néglige pour aller plus vite. Et les contre-sens, certains énormes ! (Jahier ne sait pas le français) ».

Martini ajoute : « Suit une longue liste d'erreurs »[1]. Piero Jahier répondra par une longue lettre qu'il fera transmettre par Alessandro Casati puisque l'autographe de cette missive est accompagné de ces lignes :

de chez moi, Mardi

Cher ami,

Piero Jahier, ignorant ton adresse, me prie de te communiquer la lettre ci-jointe.

Bien à toi

Alessandro Casati.

Cette lettre de Jahier est très importante pour situer l'état d'esprit du jeune traducteur de Claudel et aussi pour préciser dans quelles conditions matérielles ce travail fut mené à bien. En voici la traduction :

[13 janvier 1913]

Cher Monsieur,

Prezzolini m'informe que vous avez une longue liste d'observations et d'erreurs relevées dans ma traduction de Partage de Midi. Il ajoute que vous êtes un ami de la Voce et depuis des années admirateur de Claudel et que vous avez la chance de posséder le texte du Partage dans l'édition originale de 1906. Je vous parlerai donc très franchement. D'abord, les observations stylistiques ne m'intéressent guère : elles doivent dépendre en grande partie de l'idée que nous avons du langage et qui est certainement très différente chez vous et chez moi ; elles donneraient sans doute lieu à une dissertation de ma part en faveur des barbarismes, etc... et une de votre part en faveur du purisme. Tout cela sans profit, si on tient compte que Claudel m'a donné la plus ample licence de modifier les constructions, de changer les mots et les images, de franciser ou d'italianiser chaque fois où, pour des raisons poétiques, les seules valables à ses yeux, je le croyais nécessaire.

---

1. Il n'a pas été possible de retrouver cette liste d'erreurs. Marisa Brecciaroli la demanda à Prezzolini qui lui répondit par une lettre du 12 mars 1966 : « De Botta je possède seulement une lettre qui m'annonce une liste d'erreurs dans la traduction de Jahier. Je suppose que cette liste est entre les mains de Jahier, auquel probablement je la transmis ». Carlo Martini, interrogé par M. Brecciaroli, affirme dans une lettre à cette dernière, la véridicité de son témoignage, sans pouvoir toutefois faire état de cette liste d'erreurs mais en précisant : « Une copie de la première édition du *Partage* avec les corrections de Botta est entre les mains de Jahier ». C'est l'exemplaire décrit dans notre Bibliographie, p. 203. Quant à la liste d'erreurs dont parle Martini elle semble n'avoir pas été dressée puisque Prezzolini, plusieurs mois après la lettre de Botta, réclamera à celui-ci une telle liste ainsi que nous le verrons plus loin.

Lui-même, il y a quelques jours (il m'avait invité depuis longtemps à aller passer quelques jours près de lui à Francfort et moi, étant employé des chemins de fer et ayant des billets gratuits j'ai pu y aller), ayant su que j'avais de nombreuses corrections à apporter au Partage, corrections déjà prêtes pour une nouvelle édition à revoir, et me voyant tourmenté par la présente édition, il prit le volume dans sa bibliothèque et se mit à le lire à haute voix s'extasiant sur le nombre et l'accent. Il trouvait plus beaux de nombreux passages dans mon italien (?!) qu'en français et je dus le laisser faire. Plus : il chercha à me consoler avec sa traduction de Patmore, me disant qu'elle avait été jugée une infâme trahison à cause de l'absence de précision etc... et il passa en revue les horribles traductions *exactes* de poètes [...] etc... J'étais un peu consolé quand Prezzolini me révéla la très juste colère d'un fidèle de Claudel qui a beaucoup fait pour sa connaissance en Italie. Certes, moi aussi j'ai une liste d'erreurs aussi déplorables que celles que vous avez relevées (nous retrouverons parfois les mêmes sans doute) et j'ai le devoir d'en être conscient. Mais voici : j'ai traduit le Partage a) sur une copie manuscrite, b) un zèle excessif m'a poussé à accepter de donner, en à peine plus de *huit* jours, la traduction à l'imprimerie, sous peine de ne pas publier. Condition impérative, imposée par des raisons administratives-éditoriales (provenant d'un calendrier de publications chargé). Et moi, employé à la Librairie, après dix heures de travail dans la journée, j'en fis à peu près autant de nuit, pour ne pas perdre la possibilité de faire connaître à l'Italie ce chef d'œuvre. c) J'espérais compenser la précipitation en corrigeant les épreuves quand voici que l'imprimerie me déclare qu'elle est à court de caractères de ce corps et que, devant les réutiliser immédiatement, je devais corriger *définitivement* chaque seizième séance tenante, sous les yeux du garçon de librairie. Prezzolini est à Paris. Je n'ai personne qui peut revoir ces épreuves avec moi : certes, si j'avais su, comme je vous aurais demandé de me prêter au moins pour un jour le volume et je vous aurais envoyé les épreuves.

Voilà l'explication : personne n'apprécie autant que moi la précision dans la traduction (j'apprécie plus la fidélité aux intentions du poète mais j'apprécie aussi la précision) ; et votre vénération pour Claudel n'est pas plus grande que la mienne. Dans ma traduction de l'Art poétique qui paraîtra dans quelques jours chez un éditeur milanais (et que je vous enverrais aussitôt) vous pourrez trouver quelques erreurs avec votre minutieuse perspicacité, mais des négligences, non. De plus, justement hier, Claudel ayant reçu une offre de traduction de la part d'un écrivain milanais, me la communica en exprimant le désir que je traduise son théâtre complet et en me donnant les autorisations nécessaires. Si je réussis à trouver un éditeur, je prendrais tout mon temps et je demanderais à quelqu'un de revoir mon travail (Je n'ose vous le demander). A cette occasion, je corrigerai et retoucherai définitivement le Partage.

Ce que je vous demande c'est de me communiquer votre liste d'erreurs graves afin que j'y ajoute celles que j'ai relevées et que, en vous rendant hommage dans la Voce pour votre précieuse collaboration, je m'engage à les corriger. Si, après ce que je viens de vous exposer, vous jugez devoir exposer au ridicule le traducteur coupable d'un trop grand zèle, mettant en lumière les erreurs de fait qui blessent d'autant plus qu'elles sont faciles à relever, faites-le. Claudel étant tellement combattu en Italie, vous servirez ses ennemis qui l'atteindront aussi à travers la personne de son traducteur. Tout dépend de votre intention, si vous voulez concourir à la gloire de Claudel ou si vous poursuivez d'autres fins. Je crois, en toute conscience, malgré la hâte, d'avoir réussi à surmonter des difficultés non négligeables et surtout d'avoir donné une preuve de la possibilité poétique de traduire Claudel, ce qui était, par exemple par Prezzolini, absolument nié. Boine, Dumesnil, amis éprouvés de Claudel (Gide) etc... m'ont écrit et dit que la chose était poétiquement réussie. Plusieurs français ont déclaré qu'on ne sentait pas la traduction. Et il faut tenir compte que Sorel lui-même écrivait il y a peu qu'il ne comprenait guère le Partage et qu'il ne comprenait pas que l'on pense à traduire en italien ce qui, déjà en français, est incompréhensible. Et je crois que ma traduction doit être améliorée, mais non anéantie, et si je répare, avec le calme de la raison les emportements d'un zèle excessif, elle pourra même devenir, après une révision, impeccable,... jusqu'à une seconde révision.

Veuillez me croire vôtre

Piero Jahier.

J'oubliais de vous dire que Claudel, me montrant *la Critica*, me demanda si je vous connaissais et me pria de vous remercier et de vous saluer. Claudel a une seule copie du Partage qui appartient à sa femme, laquelle me l'aurait donnée, si je n'avais senti la grande incorrection de l'accepter. Si, avec vos corrections, vous pouvez m'envoyer le texte. je vous en serais doublement reconnaissant. Mais nous pouvons aussi remettre le tout à la réédition de laquelle je vous communiquerais les épreuves avec mes corrections afin que vous y collaboriez avec les vôtres.

Je me bornerais à déclarer sur *la Voce* « que j'avais déjà relevé des inexactitudes et des erreurs dans la traduction du Partage de Midi, dues à la hâte et à l'absence de correction des épreuves, mais voici que M. Botta, bien connu etc... sur la Critica et... (de cela je me charge) me communique aimablement une série de corrections que j'estime fondées pour la plupart et je me propose de donner une réédition du Partage dans le théâtre complet pour lequel je suis en pourparlers avec des Éditeurs, autorisé par Claudel ».

Le puriste impeccable fut-il sensible à ces raisons du jeune traducteur passionné, impatient de faire connaître une œuvre qui avait soulevé son

142

enthousiasme ? Il lui adressa un télégramme rassurant que nous n'avons pas pu retrouver mais dont l'existence est attestée par ce billet de Giuseppe Prezzolini, en date du 16 gennaio 1913 : « Cher M. Botta, J'ai vu votre télégramme à Jahier. Je suis également heureux que l'affaire se conclue avec le moins de désagréments possible pour lui, mais aussi la plus grande justice ...tandis que je vous redis le plaisir que j'ai eu à faire votre connaissance à Milan ».

Et, de son côté, Piero Jahier adresse immédiatement à Botta un billet daté par une erreur évidente du 15 gennaio 1912 [pour 1913] dont le ton est celui d'une sincère gratitude :

« Cher Monsieur Botta, Merci. Je vous serre la main de tout cœur. Si je me suis trompé ce n'est pas par présomption et je suis prêt à réparer. Je vous expédierai dans quelques jours (à présent nous sommes pris par le bilan) les fascicules détachés d'un exemplaire du Partage sur lequel j'ai indiqué depuis longtemps les erreurs découvertes, en vue d'une révision ou d'une réédition. Voulez-vous avoir la bonté d'y ajouter les vôtres ?

Personne n'est persuadé autant que moi que je ne suis pas grand chose et il me coûte moins de l'avouer que de vaincre ce sentiment en travaillant.

Je suis bien vôtre

Piero Jahier ».

Cependant l'affaire n'était pas si simple pour le lettré milanais qui semble avoir tenu à donner une leçon à Jahier. Nous possédons en effet les minutes d'une lettre qui, après son télégramme rassurant, introduit des nuances sur un ton assez hautain vis-à-vis du jeune traducteur. Voici la traduction de ce document non daté :

« Cher M. Jahier, j'ai reçu deux lettres de vous. La première qui, je vous le confesse ouvertement (je vous le dis sans ambage) me plut peu et ne me persuada pas. (Vos raisons ne sont pas valables, votre ton est déplaisant, certaines de vos déductions ne sont pas raisonnables et les jugements que vous portez sur mon compte sont vraiment d'un étourdi...) Mais je n'ai jamais eu l'intention de vous nuire — comme j'aurais pu le faire aisément, d'autant plus que l'on m'offrait les colonnes d'un grand journal non par motif culturel et amour de la vérité mais avec l'intention de vous couvrir de honte comme collaborateur de la Voce et nuire ainsi à celle-ci qui est sans conteste le meilleur hebdomadaire italien. M'étant aperçu de la chose, je ne fis rien. Puis, ayant eu le plaisir de rencontrer le valeureux Prezzolini, je lui en parlais ouvertement, comme j'ai coutume de faire. Mon télégramme fut dicté par le sentiment humain de vous ôter du tourment dans lequel vous étiez certainement plongé. Votre seconde lettre, plus modeste et vraie, me satisfait et m'émeut. Ne vous abaissez et ne vous humiliez pas trop, mais ne faites que les choses que vous êtes en mesure de faire *de façon satisfaisante.*

Et permettez-moi de vous dire que la poésie de Claudel, au moins pour le moment, est une entreprise au-dessus de vos forces. Tentez, retentez, interrogez-vous, faites, refaites, étudiez le français, l'italien... et puis prenez vos décisions, publiez. Faites peu mais faites bien. Il est inutile d'encombrer le monde de travaux à refaire ».

Et sur un feuillet à part, il rappelle son passé de claudélien de la première heure :

« Non seulement j'estime mais j'admire Claudel depuis plus de douze ans et je suis certain qu'il est un grand poète.

En 1900, je lisais *Connaissance de l'Est.* En 1901, *l'Arbre* que je lus et relus jusqu'à en avoir une connaissance pleine et sûre. Mon admiration ne diminua jamais, mais elle se précisa, se définit, se limita, aussi les jugements contraires me font rire ».

Il semble que ce ton n'ait pas été du goût de Jahier : après cette lettre l'affaire est reprise par Prezzolini qui se sent concerné en sa qualité d'éditeur. On lit dans une première lettre de celui-ci à Botta (17 janvier 1913) :

« A mon grand regret il est advenu un désaccord entre Jahier et moi sur la façon d'arranger l'affaire. Comme vous m'en avez d'abord entretenu et que Jahier est intervenu de lui-même sans m'en avertir, je vous serais reconnaissant de bien vouloir me tenir au courant [...] »

Cette affaire envenima même l'ensemble des relations des deux amis *vociani,* ainsi que le prouve une lettre de Prezzolini à Botta du 2 février 1913 :

« Cher Botta,

[...] Dans cette affaire Jahier, je ne sais comment, après de nombreuses années d'amitié, dont il a eu de ma part des preuves indiscutables, s'est mis dans la tête, comme s'il était tourmenté par la manie de la persécution, que je voulais lui faire du mal [...] »

Il est clair que Jahier a rompu ses rapports avec Botta tandis que Prezzolini apparaît encore préoccupé pendant plusieurs mois par cette affaire. Le 1er avril 1913, il demanda à Botta : « Je voudrais rapidement votre lettre sur la traduction Claudel pour la communiquer à Jahier ». Botta ne répond pas puisque, le 5 juin 1913, Prezzolini lui écrit :

« Cher Botta, j'insiste encore pour avoir tout ce que vous m'avez promis, à savoir : [...] la série d'erreurs du Partage (auquel Jahier doit donner l'*errata corrige*) ; et vos autres écrits (le plagiat de Laforgue). J'espère

144

que votre silence ne signifie pas une irritation contre moi. Votre Giuseppe Prezzolini ».

Et, le 15 juin 1913 :

« Cher Botta

Pourquoi ne répondez-vous pas à mes lettres ? [...] Votre Giuseppe Prezzolini »

Le ton change devant le silence de Botta dans la dernière lettre que M. Brecciaroli a pu trouver dans les archives Botta :

« 15 octobre 1913

Cher Botta,

Je ne vous écris pas pour vous demander une *faveur* mais pour vous rappeler un *devoir*. Vous avez soulevé la question de la traduction du Partage et moi, en partie pour cela, je me suis brouillé avec Jahier. Maintenant, après maintes péripéties, j'ai remis l'affaire à Soffici et à Papini qui jugeront, texte en main, si les erreurs sont graves et si nous devons publier des *errata corrige*. Vous *devez* avoir la complaisance de nous envoyer votre exemplaire de la traduction de Jahier avec vos annotations ou encore votre liste d'erreurs, de sorte que mes amis puissent juger dans de bonnes conditions et ne rien laisser échapper.

Je vous répète qu'il ne s'agit pas d'une faveur mais d'une obligation morale de votre part et j'espère avoir bientôt ce que je vous demande et rapidement un mot de réponse. J'espère vous revoir dès que je puis aller à Milan.

Bien à vous, Giuseppe Prezzolini ».

Il semble assuré que Prezzolini n'obtint pas cette liste d'erreurs et l'intérêt de ces documents est en définitive de montrer de façon à peu près certaine que la seconde version de la traduction de *Partage de Midi* ne doit rien aux observations de Botta, contrairement à ce qu'affirme Carlo Martini. De plus, cet échange de lettres prouve que Prezzolini tenait à ce moment-là à conserver l'estime du public pour les éditions de *la Voce* et qu'il a su agir de façon à éviter une attaque en règle dans un grand journal de la part de Botta, lettré peu connu mais capable de soulever une sorte de petit scandale que les ennemis de *la Voce* auraient pu exploiter. Le fait que Jahier se soit montré impuissant à établir en définitive des rapports favorables avec Botta alors que Prezzolini parvint sinon à le faire entrer dans le travail de son équipe du moins à s'assurer sa neutralité s'explique aisément. Jahier était alors un jeune inconnu tandis que Prezzolini, ami de Croce qui avait publié des articles de Botta dans sa *Critica*, savait par le ton de ses lettres et par son autorité d'écrivain se faire entendre d'un homme tel que l'érudit milanais.

145

BIBLIOGRAPHIE

I. — ŒUVRES DE CLAUDEL TRADUITES EN ITALIEN PAR PIERO JAHIER

PARTAGE DE MIDI, Bibliothèque de *l'Occident*, 1906.

1. *Partage de Midi*, traduzione autorizzata di Piero Jahier, Firenze, Libreria della Voce, 1912.

Il existe un exemplaire de cette traduction annoté par Gustavo Botta, au crayon : il s'agit surtout de signes, les omissions sont signalées par des « V », les expressions bien traduites par des traits horizontaux et les erreurs par des traits ondulés. On trouve sur la dernière page une date : « Milano, 24 giugno 1912 » (la traduction était en vente le 13 juin). Sur la page où est imprimé (p. 133) : « Piero Jahier, consentendo il poeta, tradusse », on lit, d'une écriture qui est celle de Botta : « Incautamento, Paolo consentì / che traducesse questro libro qui / Piero, che lo fraintese e lo tradì ». Cet exemplaire se trouve dans les archives de Botta, conservées à Ancona par sa veuve, Amelia Botta.

2. *Crisi meridiana*, traduzione di Piero Jahier, Roma, So. an. ed. « La Voce », 1920.

Jahier indique dans « Claudel con gli occhi dello spirito », *art. cit.*, de 1949, que la première traduction, « malgrado gli errori, si esaurì. Ma venne la guerra [...] E io non potei farne una ristampa più corretta che nel 1920. Provai allora a tradurre il titolo *Partage de Midi* con *Crisi meridiana* il che non mi soddisfece allora, e men che mai mi soddisfà ora » (p. 62). La couverture comporte une gravure, en couleurs, qui conviendrait mieux à un ouvrage pornographique. F. Casnati observa à ce propos : « Proprio in questi giorni la « Voce » ha ristampato il *Partage* col titolo di *Crisi meridiana* ; ma è da deplorare che nella copertina il grande poeta cattolico sia stato trattato come uno dei moderni volgari spacciatori di afrodisiaci. Io (perdonate) ho avuto dal poeta l'autorizzazione per tradurre *L'Annonce faite à Marie* e *L'Otage* ; ma ... non trovo un editore. Cosa non rara in Italia quando si tratta di letteratura non pornografica » (« Paul Claudel in Italia », *art. cit.*).

3. Texte de la première traduction, corrigé au crayon par Piero Jahier, Bibliothèque de l'Institut français, Firenze.

Sur la page de garde, on peut lire, au crayon, de la main de Jahier : « Da rivedere e correggere per una III ediz. (Bompiani) » et au-dessous : « Da rispedire / a / Piero Jahier / 10 Cesare Battisti 10 / BOLOGNA ». Sur la page de titre, figure toujours au crayon et de la main de Jahier, la mention : « Unica traduzione italiana autorizzata di Piero Jahier » et, une seconde fois, l'adresse reproduite ci-dessus.

Cette adresse ne permet pas de dater de façon précise ces corrections. Piero Jahier résida au n° 10 de la via Cesare Battisti à Bologne de 1928 à 1951. Nous pouvons donc seulement affirmer qu'il s'agit d'une correction postérieure à l'édition de 1920.

Les recherches effectuées auprès des Éditions Bompiani n'ont pas permis de savoir pour quelles raisons cette édition ne vit pas le jour : les archives de cette maison n'ayant pas été conservées pour cette période. D'après une indication recueillie par M. Brecciaroli et qui ne paraît pas solidement fondée, cette œuvre n'aurait pas été publiée parce qu'il s'agissait d'une pièce de théâtre en vers.

4. *Partage de Midi*, unica traduzione italiana autorizzata, *Il Dramma*, anno XXV, no. 91-92, Torino, 1 settembre 1949.

Cette version est précédée de « Claudel con gli occhi dello spirito », *art. cit.*, et repris in Piero Jahier, *Con Claudel*, *op. cit.* On lit dans l'avant-propos de cette traduction :

« L'attuale edizione, che è stata appositamente riveduta per *Il Dramma*, sul testo originale francese del 1906 è, pertanto, la terza edizione italiana ».

Cette version est reprise dans : *Tutto il teatro di tutti i tempi*, Roma, Éd. Casini, vol. III, 1953 et enfin : *Partage de Midi*, Milano, Éd. Massimo, 1968.

ART POÉTIQUE, Mercure de France, 907.

Arte poetica — Conoscenza del tempo — Trattato della co-nascenza al mondo e di se stesso, traduzione autorizzata con introduzione a cura di Piero Jahier, Milano, Libreria editrice milanese, 1913.

L'introduction de Piero Jahier est reproduite in Piero Jahier, *Con Claudel, op. cit.*

II. — *LA CRITIQUE ITALIENNE*

— 1901 —

Luciano Zuccoli, « Cinque drammi », *Il Marzocco*, Firenze, n° 34.

— 1905 —

Paul Claudel, « Lettre à F. T. Marinetti suivie de *Je vous ai assiégé* », *Poesia*, Milano Ottobre.

— 1910 —

Giovanni Boine, « Che Fare ? », *La Voce*, Firenze, 25 agosto. Claudel est cité.

— 1911 —

Giuseppe Prezzolini, « Riviste francesi », *La Voce*, Firenze, 26 gennanio. Citation de *l'Otage*.

Anon. « Libreria della Voce », *La Voce*, Firenze, 9 novembre. Annonce de : Paul Claudel, *Théâtre*, vol. II, *La Ville*.

— 1912 —

Anon. « Libreria della Voce », *La Voce*, Firenze, 4 gennaio. Signale *L'Échange* et *La Jeune Fille Violaine*.

Anon. « Bolletino bibliografico », Supplément à *La Voce*, Firenze, 25 gennaio. Signale la lettre de Claudel sur Rimbaud, publiée par *la Nouvelle Revue Française*.

[Gustavo Botta], « Reminiscenze e imitazioni nella letteratura italiana durante la seconda metà del sec. XIX. — Terza aggiunta alle Fonti dannunziane. (Contribuzione di Gustavo Botta, Milano) », *La Critica*, Bari, 20 luglio e 20 novembre.

Giovanni Boine, « Un Ignoto », *La Voce*, Firenze, 8 febbraio, Claudel est cité.

Anon., « Libreria della Voce », *La Voce*, Firenze, 15 febbraio. Signale les *Études* de Jacques Rivière, éd. de la *Nouvelle Revue Française*, 1912.

Anon., « Bolletino bibliografico », Supplément à *La Voce*, Firenze, 29 febbraio. Signale dans la *Nouvelle Revue Française* du 1er février 1912, la seconde partie de *l'Annonce faite à Marie*.

Giovanni Boine, « L'Immolé », *La Voce*, Firenze, 7 marzo. Claudel est cité.

Piero Jahier, « Paul Claudel », *La Voce*, Firenze, 11 aprile.

Anon., « Libreria della Voce », *La Voce*, Firenze, 18 aprile. Annonce la publication de la traduction de *Partage de Midi* par Piero Jahier.

BIBLIOGRAPHIE

P. J. [Piero Jahier] « Una buona collezione », « Libreria della Voce », *La Voce*, Firenze, 6 giugno. Recension de *l'Annonce faite à Marie*.

Piero Jahier, « Partage de Midi », *La Voce*, Firenze, 13 giugno.

Emilio Cecchi, « Partage de Midi », *La Tribuna*, Roma, 19 agosto, reproduit in *Aiuola di Francia*, Milano, A. Mondadori, Il Saggiatore, 1969.

Scipio Slataper, « Partage de Midi », *La Voce*, Firenze, 12 settembre.

Scipio Slataper, « Pomo e uomo », *La Voce*, Firenze, 19 settembre.

Ardengo Soffici, « Il Claudellismo », *La Voce*, Firenze, 10 ottobre. Repris in *Opere*, Firenze, Vallecchi, vol. I, 1959.

Piero Jahier, « Claudellismo e Lemmonismo », *La Voce*, Firenze, 17 ottobre.

Ardengo Soffici, « Claudellismo ancora », *La Voce*, Firenze, 24 ottobre. Repris in *Opere*, *op. cit.*

Paul Claudel, « Saint Barthélémy », *La Voce*, Firenze, 12 dicembre. Poème inédit qui sera ensuite publié dans *Insel Almanach*, Leipzig, 1914, puis dans *Corona Benignitatis Anni Dei*, NRF, 1915.

Giuseppe-Antonio Borgese, « Paul Claudel », *Corriere della Sera*, Milano, 17 dicembre. Repris ensuite dans *Studi di letterature moderne*, Milano, Treves, 1915.

— 1913 —

Giovanni Papini, « Puzzo di cristianucci », *La Voce*, Firenze, 9 gennaio.

Anon., c.r. de G. Duhamel, *Paul Claudel, le philosophe, le poète, l'écrivain, le dramaturge*, « Libreria della Voce », *La Voce*, Firenze, 27 febbraio.

g. pr. [Giuseppe Prezzolini] « Bolletino bibliografico », Supplément à *La Voce*, Firenze, 31 luglio. Cite Claudel dans un c.r. de Eugène Montfort, *Les Marges* (1903-1908), Paris, 1913.

Giovanni Boine, « Epistole al ' Tribunale ' », *La Voce*, Firenze, 21 agosto. Cite Claudel.

Paul Claudel, « Saint Nicolas », *La Voce*, Firenze, 18 settembre. Poème inédit repris dans *Corona Benignitatis Anni Dei*, N.R.F., 1915.

Giovanni Papini, « Presentazione di Tristan Corbière », *La Voce*, Firenze, 2 ottobre 1913. Claudel est cité.

Johannes Joergensen, « I cattolici esistono », *La Torre*, Siena, 21 dicembre.

— 1914 —

Cesare Lodovici, *Il teatro di Paul Claudel*, Lugano, Éd. Coenobium.

Anon., c.r. de Paul Claudel, *Le chemin de la Croix*, « Libreria della Voce », *La Voce*, Firenze, 13 febbraio.

Cesare Lodovici, « Note d'arte drammatica — Paul Claudel », *Coenobium*, Lugano, marzo-aprile.

Giovanni Papini, « Ciò che dobbiamo alla Francia », *Lacerba*, Firenze, 1 settembre. Claudel est cité.

— 1915 —

Lucien Gennari, « Paul Claudel », *Rassegna nazionale*, Roma.

Giovanni Papini, *La paga del sabato*, Milano, Studio Editoriale Lombardo, Claudel est cité (cf. l'art. de *Lacerba*, 1 settembre 1914).

e.j. [Ettore Janni] « Paul Claudel a Milano », *Corriere della Sera*, 29 aprile. Présentation pour annoncer une lecture par Claudel.

e.j. [Ettore Janni] « Paul Claudel al conservatorio », *Corriere della Sera*, 30 aprile, c.r. de la soirée Claudel.

Piero Jahier, « Con Claudel », *La Voce*, Firenze, 15 giugno. Repris in Piero Jahier, *Con Claudel*, Milano, Vanni Scheiwiller, 1964.

— 1916 —

Luciano Gennari, « La Francia de la vittoria », *Vita e Pensiero*, Milano, 29 febbraio. Claudel est cité.

Pietro PANCRAZI, « D'Annunzio senza coraggio », *La Voce*, Firenze, 29 febbraio. Claudel est cité.

E. HENRION, « Paul Claudel poeta religioso », *Vita e Pensiero*, 31 ottobre.

III. — *ÉTUDES SUR CLAUDEL ET L'ITALIE*

Seules les études consacrées entièrement ou en partie à ce problème sont citées ici,

Francesco CASNATI, « Paul Claudel in Italia », *Ars Italica*, Torino, 10 ottobre 1920.

Marcella GORRA, *Fine del Caso Claudel*, Milano, Sperling e Kupfer, 1936.

Francesco CASNATI, *Alleluia per Claudel*, Como, S.A.G.S.A., 1955.

Luciana MIELE, « Interessi letterari della *Voce* — 1912 : Jahier e Claudel », *Vita e Pensiero*. Milano, maggio 1963.

Marisa BRECCIAROLI, *I simbolisti francesi e la Voce : Claudel e Jahier*, thèse dactylographiée, Milano, 1967.

L.-A. COLLIARD. *Nouvelles recherches historiques sur Paul Claudel — Centenaire de la naissance du poète*, Milano-Varese, Istituto editoriale Cisalpino, 1968.

Mario RICHTER, *La formazione francese di Ardengo soffici*, Milano, Vita e Pensiero, 1969,

PLANCHE I

Claudel en consul à Francfort-s.-Main en 1912.

☙ LIBRERIA DELLA VOCE ☙ FIRENZE ☙

Flor. 15 fév. 1912.

Cher maître, maintenant la paix est descendue en moi, parce que je vous vois dans la force recueillie de votre grandeur.
Votre "Partage de midi" m'a secoué profondément. Et cela m'est bien clair: que vous avez une grande chose à révéler à ma génération. J'ai même souffert en m'approchant à vous. Car votre esprit n'est pas une nourritures faciles, mais un pain substantiel pour des machoires adultes. Je tremble encore d'avoir cette tâche à accomplir ~~~ Votre "Partage de midi" m'a secoué si profondément dans ma vie morale, dans ma vie religieuse, quoique je ne sois pas professant. Et toutefois je ne comprends pas que la verité puisse être le but de l'art. Que la verité soit le but de la vie, je le crois et je crois à la grandeur de Dante, poète Chrétien, de Paul Claudel, poète Chrétien. Dont la vie est concentrée, reliée avec la totalité de la creation et l'apport immense du travail de l'humanité. Ayant un <u>Sens</u>. Vie dans laquelle l'art — c'est à dire l'expression — se produit

PLANCHE II

Lettre de P. Jahier à P. Claudel, 15 février 1912 (voir p. 89).

LA VOCE

Esce ogni giovedì in Firenze, Piazza Davanzati ✦ Diretta da GIOVANNI PAPINI ✦ Abbonamento per il Regno, Trento, Trieste, Canton Ticino, L. 5,00. Estero, L. 7,50
Un numero cent. 10, doppio cent. 20 ✦ Dono agli abbonati il Bollettino bibliografico ✦ Abb. cumulativo con 10 " Quaderni della Voce ", L. 15. Estero L. 20 ✦ Telefono 23-30.

Anno IV ✦ N° 15 ✦ 11 Aprile 1912

Digrignatori di denti.

La Voce.

PAUL CLAUDEL

PLANCHE III

La Voce, numéro du 11 avril 1912, avec l'article de P. Jahier (voir p. 33).

Paul Claudel

Partage de Midi

Pubblicato dalla Libreria della Voce. Firenze 1912.

PLANCHE IV

La couverture de la traduction de *Partage de Midi*
publiée à la Libreria della Voce en 1912.

TABLES

TABLE DES LETTRES

I. LETTRES DE PAUL CLAUDEL

II. LETTRES DE PIERO JAHIER

III. LETTRE DE REINE CLAUDEL

IV. LETTRE DE MARIO FUMAGALLI

INDEX

On trouvera dans cet Index, en romain, les noms de personnes cités, et *en italiques*, les titres des revues et des œuvres citées à l'exception des ouvrages de critique.

Les références à Paul Claudel, Piero Jahier, *la Voce* et *Partage de Midi* ne figurent pas dans cet Index, ces noms revenant très souvent tout au long de l'ouvrage.

TABLE DES MATIÈRES

BIBLIOGRAPHIE

PLANCHES I à IV   152

TABLES

BIBLIOTHÈQUE FRANÇAISE ET ROMANE

publiée par le
Centre de Philologie et de Littératures romanes
de l'Université des Sciences Humaines de Strasbourg

Directeur : Georges STRAKA

Série C : ÉTUDES LITTÉRAIRES

Déjà parus :

BIBLIOTHÈQUE FRANÇAISE ET ROMANE

Série C : ÉTUDES LITTÉRAIRES

BIBLIOTHÈQUE FRANÇAISE ET ROMANE

Série C : ÉTUDES LITTÉRAIRES

42. — « *L'Avenir* » *de La Mennais, son rôle dans la presse de son temps*, par Ruth L. WHITE, 1974, 240 p.

43. — *Histoire d'une amitié : Pierre Leroux et George Sand, d'après une correspondance inédite* (*104 lettres de 1836 à 1866*), texte établi, présenté et commenté par Jean-Pierre LACASSAGNE, 1974, 368 p.

44. — *La fantaisie de Victor Hugo, tome 1* (*1802-1851*), par Jean-Bertrand BARRÈRE, 1974, 447 p.

45. — *La fantaisie de Victor Hugo, tome 3* (*thèmes et motifs*), par Jean-Bertrand BARRÈRE, 1974, 298 p.

46. — *Henri Bosco et la poétique du sacré*, par Jean-Pierre CAUVIN, 1974, 293 p.

47. — *Littérature française et pensée hindoue des origines à 1950*, par Jean BIÈS, 1974, 683 p.

48. — *Approches des Lumières, Mélanges offerts à Jean Fabre*, 1974, 604 p.

49. — *La crise de la conscience catholique dans la littérature et la pensée françaises à la fin du XIXe siècle*, par Robert BESSÈDE, 1975, 639 p.

50. — *Paul Claudel en Italie : la correspondance Paul Claudel/Piero Jahier*, publiée par Henri GIORDAN, 1975, 168 p.

51. — *Le Théâtre national en France de 1800 à 1830*, par Michèle JONES, 1975, 169 p.

52. — *Grimoires de Saint-Simon*, nouveaux inédits établis, présentés et annotés par Yves COIRAULT, 1975, 320 p.

53. — *Romans et Mémoires* (*1660-1700*), *essai de comparaison de deux genres littéraires*, par Marie-Thérèse HIPP, 1975.

54. — *Les univers de signification chez Albert Camus*, par Paul A. FORTIER, 1975.

55. — *Les thèmes amoureux dans la poésie française, 1570-1600*, par Gisèle MATHIEU-CASTELLANI, 1975, 524 p.

56. — « *Adolphe* » *et Constant, une étude psychocritique*, par Han VERHOEFF, 1975.

CET OUVRAGE A ÉTÉ ACHEVÉ
· D'IMPRIMER EN OCTOBRE 1975 -
SUR LES PRESSES DE L'IMPRIMERIE
DE L'INDÉPENDANT A CHATEAU-GONTIER
DÉPOT LÉGAL — 4ᵉ TRIMESTRE 1975

Imprimé en France